崇文国学经典

史记

甘宏伟　江俊伟　译注

微信/抖音扫码查看
☑ 国学大讲堂
☑ 经典名句摘抄
☑ 国学精粹解读

长江出版传媒｜崇文书局

总 序

现代意义的"国学"概念，是在 19 世纪西学东渐的背景下，为了保存和弘扬中国优秀传统文化而提出来的。1935 年，王缁尘在世界书局出版了《国学讲话》一书，第 3 页有这样一段说明："庚子义和团一役以后，西洋势力益膨胀于中国，士人之研究西学者日益众，翻译西书者亦日益多，而哲学、伦理、政治诸说，皆异于旧有之学术。于是概称此种书籍曰'新学'，而称固有之学术曰'旧学'矣。另一方面，不屑以旧学之名称我固有之学术，于是有发行杂志，名之曰《国粹学报》，以与西来之学术相抗。'国粹'之名随之而起。继则有识之士，以为中国固有之学术，未必尽为精粹也，于是将'保存国粹'之称，改为'整理国故'，研究此项学术者称为'国故学'……"从"旧学"到"国故学"，再到"国学"，名称的改变意味着褒贬的不同，反映出身处内忧外患之中的近代诸多有识之士对中国优秀传统文化失落的忧思和希望民族振兴的宏大志愿。

从学术的角度看，国学的文献载体是经、史、子、集。崇文书局的这一套国学经典,就是从传统的经、史、子、集中精选出来的。属于经部的,如《诗经》《论语》《孟子》《周易》《大学》《中庸》《左传》;属于史部的,如《史记》《三国志》《资治通鉴》《徐霞客游记》;属于子部的,如《道德经》《庄子》《孙子兵法》《山海经》《黄帝内经》《世说新语》《茶经》《容斋随笔》;属于集部的,如《楚辞》《古诗十九首》《古文观止》。这套书内容丰富,而分量适中。一个希望对中国优秀传统文化有所了解的人,读了这些书,一般说来,犯常识性错误的可能性就很小了。

崇文书局之所以出版这套国学经典,不只是为了普及国学常识,更重要的目的是,希望有助于国民素质的提高。在国学教育中,有一种倾向需要警惕,即把中国优秀的传统文化"博物馆化"。"博物馆化"是20世纪中叶美国学者列文森在《儒教中国及其现代命运》中提出的一个术语。列文森认为,中国传统文化在很多方面已经被博物馆化了。虽然中国传统的经典依然有人阅读,但这已不属于他们了。"不属于他们"的意思是说,这些东西没有生命力,在社会上没有起到提升我们生活品格的作用。很多人阅读古代经典,就像参观埃及文物一样。考古发掘出来的珍贵文物,和我们的生命没有多大的关系,和我们的生活没有多大关系,这就叫作博物馆化。"博物馆化"的国学经典是没有现实生命力的。要让国学经典恢复生命力,有效的方法是使之成为生活的一部分。崇文书局之所以坚持经典普及的出版思路,深意在此,期待读者在阅读这些经典时,努力用经典来指导自己的内外生活,努力做一个有高尚的人格境界的人。

国学经典的普及,既是当下国民教育的需要,也是中华民族健康发展的需要。章太炎曾指出,了解本民族文化的过程就是一个接受爱国主义教育的过程:"仆以为民族主义如稼穑然,要以史籍所载人物制度、地理风俗之类为之灌溉,则蔚然以兴矣。不然,徒知主义之可贵,而不知民族之可爱,吾恐其渐就萎黄也。"(《答铁铮》)优秀的传统文化中,那些与维护民族的生存、发展和社会进步密切相关的思想、感情,构成了一个民族的核心价值观。我们经常表彰"中国的脊梁",一个毋庸置疑的事实是,近代以前,"中国的脊梁"都是在传统的国学经典的熏陶下成长起来的。所以,读崇文书局的这一套国学经典普及读本,虽然不必正襟危坐,也不必总是花大块的时间,更不必像备考那样一字一句锱铢必较,但保持一种敬重的心态是完全必要的。

期待读者诸君喜欢这套书,期待读者诸君与这套书成为形影相随的朋友。

陈文新

（教育部长江学者特聘教授,武汉大学杰出教授）

前 言

英国思想家培根有一句名言:"读史使人明智。"确实,大到治国安邦,小到个人的立身处世,历史都能带给我们丰富的启迪和智慧。有些人可能把历史想象得枯燥乏味,认为真实的历史进程,远不如想象丰富的文学作品更能引人入胜。对此,我的看法是,文学作品固然有其独特的审美价值,而历史的魅力也是无法抗拒的。二者的完美结合,更能带给读者以完美的精神滋养。现在有不少年轻人酷爱读传记文学、历史小说,就是一个例证。在中国古代的历史著作中,最富于文学性、思想性,对中国文化影响深远的作品,我以为非《史记》莫属。

西方现代历史学比较发达,凡对中国古代文明有所了解的西方史学家们,都承认中华民族是世界民族中最富历史观念的民族。其他姑且不论,仅就中国的历史记载从未间断一点而言,在世界各国中便已罕有其匹。中华民族是一个历史悠久的民族,有着辉煌灿烂的古代文明。更为难得的是,中华文明从远古一直发展到今天,中间虽然历经改朝换代，但文明的基因代代传承，从未中断，这不能不说是人类文明史上的奇迹。这个奇迹的存续，有一个重要前提，那就是：中国历来有着重史的传统。清代纪昀等编修《四库全书》，将中国的古籍划分为"经、史、子、集"四大类。其中隶属于经部的《春秋》其实是一部编年体历史著作。史部排在第二位，据统计，仅《四库全书》收录的史部典籍，便多达 15 门类、30199 卷，这还不包括四库未收书目以及《四库全书》之后新撰的历史著作。无论就重视程度而言，还是就创作数量而言，中国都不愧为一个历史大国。中国古代重史传统是如何形成的？关于这一问题的答案，我们可以追溯到《春秋》，乃至更早的历史记录。我国自商、周以来就设置史官，官方修史的传统由来已久。《汉书·艺文志》中有"左史记言，右史记事"之说。孔子《春秋》一书，是第一部由私人编修的历史著作，对后世影响深远。然而真正使历史编撰成为一门学问，对历史本身作形而上的思考，对历史学家肩负的职责加以考问，影响和激励了后世无数史学家，最终使中国的重史传统得以确立，其功至伟者，还得首推司马迁。

司马迁，字子长，汉代左冯翊夏阳（今陕西韩城）人。关于司马迁的生年，《史记·太史公自序》以及《汉书·司马迁传》均未有明确记载。后世有两种说法：一是唐人张守节《史记正义》认为生于汉景帝中元五年（前 145 年）；二是唐人司马贞《史记索隐》认为生于汉武帝建元六年（前 135 年）。据《史记·太史公自序》："司马氏世典周史。"后来由于战乱，从司马迁的八世祖司马错到他的祖父司马喜这段时间里，一度中断。至司马迁的父亲司马谈，复为太史令。司马谈是一个知识渊博的学者，著有《论六家要旨》，从治理天下的角度，对阴阳、儒、墨、名、法、道德六家作了评价，对道德家最为推崇。司马迁十岁能文，二十岁后游历南北，并曾经出仕为郎中，这段经历对他以后撰写《史记》是很有帮助的。元封元年（前 110 年），汉武帝在泰山举行"封禅"大典，司马谈身为史官，未能亲历其事，抱恨而终。元封三年(前108年),司马迁继任太史令。太初元年(前104年),他继承乃父遗志,开始了撰写《史记》的伟大事业。司马迁对历史著作的重要意义有着深刻的认识。他以《春秋》为例,指出:"夫《春秋》,上明先王之道,下辨人事之纪,别嫌疑,明是非,定犹豫,善善,恶恶,贤贤,贱不肖,存亡国,继绝世,补弊起废,王道之大者也。"不料,就在司马迁潜心于《史记》著述的时候,一场横祸突然降临。当时,在汉朝与匈奴的一场战争中,汉将军李陵率步卒不满五千,与匈奴八万大兵转斗千里,矢尽道穷而救兵不至,终于战败。司马迁与李陵素无交往,但他根据自己平日的观察,认为李陵有"国士之风",在国家需要的时刻能够挺身而出,身虽陷败,"且欲得其当而报于汉",不宜治罪。然而,这番言论却得罪了汉武帝,司马迁因此下狱,受到了腐刑的严酷惩罚。出狱后,司马迁开始发愤著书,把全部精力投入到《史记》的创作中,最终完成了这部旷世不朽之作。《汉书·司马迁传》中收有司马迁《报任安书》一文,对这段屈辱而惨痛的经历作了详细的描述。司马迁在文中自剖心迹,表明自己历史写作的动机是"述往事,思来者","亦欲以究天人之际,通古今之变,成一家之言"。可见,司马迁创作《史记》的起点是很高的。他绝不满足于单纯的史事罗列,而是融入了自己对人生、对社会的思考。司马迁有着史家的责任感和良知,敢于秉笔直书,这种大胆的"实录"精神,为后世的史学家们作出了表率。虽然后世的史学家们,特别是那些官修史书的编撰者,出于种种因素,往往很难真正做到完全"实录",但是,司马迁开创的伟大事业,却激励着一代又一代后来者,使历史成为激浊扬清的审判台。可以说,司马迁赋予《史记》的这股精神力量,是最值得后人继承的一笔宝贵财富。

司马迁及其《史记》的另一个重要贡献,是开创了"纪传体"这样一种历史著作的新体例。《史记》之前的历史著作,主要有《尚书》《竹书纪年》《春秋》《左传》《国语》《战国策》《逸周书》《世本》等。

《尚书》是上古历史文件的汇编，还不能算是正式的史书。《竹书纪年》《春秋》《左传》等均是编年体，《国语》《战国策》是国别体。《逸周书》记事大多出于想象。《世本》是历代史官代代相传记载的从远古到战国的史事，至唐代已散佚。《史记》没有简单抄袭这些早期史书的史料，更没有模仿它们的体例，而是创造性地以人物传记为中心，用本纪、表、书、世家、列传这五种体例的综合运用来呈现复杂的历史事实。这种体例，被后世继承，成为历代封建王朝官修"正史"的典范。《史记》一百三十卷，共分为"八书、十表、十二本纪、三十世家、七十列传"。"书"主要记录典章制度（后来班固作《汉书》，为避免与书名混淆，改"书"为"志"）。"表"分为两类，一类是大事年表，另一类是人物年表。"表"是人物传记部分的必要补充，使历史事件的眉目更加清晰。"本纪"部分，以朝代或帝王的编年史、大事记为主，相当于全书的总纲。这一部分，特别值得一提的是《项羽本纪》。项羽是曾经与刘邦争夺天下的角色，司马迁生活在刘邦子孙统治的朝代中，敢于把项羽作为一个英雄形象来塑造，并与历代帝王并列，丝毫不受"成者为王，败者为寇"这种世俗思想的影响，显示了令人钦佩的历史眼光和创作勇气。与之类似的，是在以诸侯、将相为主的"世家"部分中，列入了《陈涉世家》。孔子也被列入世家。可以看出，司马迁在选择人物时，主要是实事求是地考虑其对历史发展的影响和作用，而不受统治者意志或世俗眼光的制约。"列传"部分，有为小人物立传的《刺客列传》《游侠列传》，有反映当时商业发展情况的《货殖列传》，有反映少数民族的篇章，这些都反映了司马迁卓越的史识和广阔的历史视野。司马迁热情歌颂的，大都是一些凛凛有生气的历史人物。对于统治阶级虚伪、丑恶的一面，则进行了大胆的揭露。他毫不隐瞒自己的观点，并以"太史公曰"的形式，开创了论赞的体例，为后世史家所继承。班固在《汉书·司马迁传》的赞中说："其是非颇谬于圣人，论大道则先黄、老而后六经，序游侠则退处士而进奸雄,述货殖则崇势利而羞贱贫,此其所蔽也。"这是从正统儒家思想的立场出发,看不到司马迁思想的历史进步意义。在封建时代,班固的这种观点是颇受统治者认可的。后世的官修史书多效仿《汉书》,对《史记》中的许多进步思想没有很好地继承。以今人的眼光来看,上述评论恰恰反映了班固自身思想的局限性。不过,班固在赞文中也提到:"然自刘向、扬雄博极群书,皆称迁有良史之材,服其善序事理,辨而不华,质而不俚,其文直,其事核,不虚美,不隐恶,故谓之实录。"借刘向、扬雄之口,对司马迁的实录精神作了肯定。

《史记》不但在史学上有诸多开拓性的贡献,在文学上也取得了很高的成就。《史记》的文学成就主要表现在叙事艺术、人物塑造艺术、语言艺术等三个方面。《史记》的叙事,上起传说中的黄帝,下迄汉武帝太初年间,时间跨度长达三千年之久。要想把这段漫长的历史生动、完整地呈现出来,对材料的剪裁和取舍是至关重要的。《史记》善于选择一些有代表性的人物和事件,集中笔墨加以描写,具有很强的故事性和文学性,写得波澜起伏,扣人心弦。很多脍炙人口的段落,如"完璧归赵""荆轲刺秦王""鸿门宴"等,写得都让人如闻其声,如临其境。艺术性与真实性并不违背,关键是看作者如何处理。《史记》开创了"纪传体"的体例,在人物塑造方面取得了很高的艺术成就,对后代的传记文学产生了深远的影响。《史记》选取的是真正推动历史发展的、有代表性的人物。在描写这些人物的时候,司马迁没有停留在表面,而是走进了这些人物的内心世界,揭示了他们的行为动机、成功与失败的根源,展现出了他们丰富多彩的个性。在驾驭宏大历史场面的过程中,也加入了许多细节的描写。如在《李斯列传》的开头,司马迁首先为我们讲述了这样一段小故事:"(李斯)年少时为郡小吏,见吏舍厕中鼠食不洁,近人犬,数惊恐之。斯入仓,观仓中鼠食积粟,居大庑之下,不见人犬之忧。于是李斯乃叹曰:'人之贤不肖,譬如鼠矣,在所自处耳!'乃从荀卿学帝王之术。"又如张汤

5

儿时审鼠如老吏,刘邦未发迹时的豪放无赖,都揭示了人物的性格特征。像这样从大处着眼,小处落墨,因而使人物气韵生动,形象饱满。《史记》还善于运用逼肖其声口的人物口语和对话来刻画人物形象。如《陈涉世家》中写道:"陈涉少时,尝与人佣耕,辍耕之垄上,怅恨久之,曰:'苟富贵,无相忘。'佣者笑而应曰:'若为佣耕,何富贵也?'陈涉太息曰:'嗟乎,燕雀安知鸿鹄之志哉!'"又如《项羽本纪》中写了项羽未发迹时的一段故事:"秦始皇帝游会稽,渡浙江,梁与籍俱观。籍曰:'彼可取而代也。'梁掩其口,曰:'毋妄言,族矣!'"项羽名籍,字羽。这段简短的会话,通过与项梁的对比,活画出了项羽的英雄气概,同时也表现出其不够沉着谨慎的一面。《史记》还善于将人物置于紧张激烈的矛盾冲突中来表现其性格。如《蔺相如列传》写蔺相如使秦,秦王欲强夺和氏璧,相如"持其璧睨柱,欲以击柱","张目叱之,左右皆靡","怒发上冲冠",生动地刻画出蔺相如不畏强暴的性格。再如《项羽本纪》中的"鸿门宴"一节:"范增数目项王,举所佩玉玦以示之者三,项王默然不应。"如果在这场宴会中,项羽听从范增的计策,历史或将改写。在这样一个重要的历史转折点,项羽错失良机,这才有了日后的垓下之败的惨剧。总之,司马迁在《史记》中,就是这样善于选取历史镜头,利用一个个生动的小故事,展现了人物一生命运的起伏,进而表现了时代风云的变幻。通过这种"小中见大"的手法,将日常生活、人的命运、历史兴替紧密地联系在一起,带给读者以生动的历史感受,并使全文具有一种悲壮之美。《史记》的语言历来备受称赞。古人称"文必秦汉",对汉代散文的历史成就极为推崇,并将《史》《汉》或者班、马并称,对《史记》《汉书》作为历史散文所取得的成就给予高度评价。《汉书》反映了正统的儒家思想,《史记》则是"成一家之言"。这种思想上的不同,在文风上也有所体现。《汉书》的语言较为雅洁,《史记》的语言则更为气韵生动。司马迁在汲取前人成就的基础上,发愤著书,在叙事中包含了深厚的感情因素,形成了自己"雄深雅健"的艺术风格。作为历史散文,不能过分追求华美的词藻。《史记》的语言简洁而形象,具有高度的艺术概括力,另有一种朴素之美。许多出自《史记》的成语便说明了这一点,例如酒池肉林(《史记·殷本纪》)、左支右绌(《史记·周本纪》)、沐猴而冠(《史记·项羽本纪》)、鸟尽弓藏(《史记·越王勾践世家》)、一言九鼎(《史记·平原君列传》)、胶柱鼓瑟(《史记·廉颇蔺相如列传》)、纸上谈兵(《史记·廉颇蔺相如列传》)、图穷匕见(《史记·刺客列传》)等等,不胜枚举。

对于《史记》取得的史学成就和文学成就,鲁迅先生用两句精当的话作出了高度评价:"史家之绝唱,无韵之离骚。"司马迁生活在一个伟大的时代,他将自己的全部情感投入到《史记》的创作中,为那个时代的英雄人物谱写了动人的乐章。今天,我们也生活在一个伟大的时代,古老的中华民族在历经坎坷磨难之后,正逐步走向繁荣富强。面对这个伟大的时代,我们又该做些什么? 每一个中华儿女在读了《史记》之后都将扪心自问,认真思考,作出自己的回答。

2009 年 8 月 12 日

目录

1

项羽本纪（节选）

《项羽本纪》是《史记》中最精彩的篇章之一。它鲜明地展现了项羽从江东起事到被困垓下兵败身死的悲壮一生,错综有序地记录了反秦大起义的壮阔历史图景。全文大致可分为四个部分:先是概述了项羽的身世和叔侄起义前的生活经历;其次写项羽叔侄自江东起义至灭秦的全过程,其间有拥立怀王、巨鹿之战、坑杀秦卒等事件;接着写项羽入关、诛杀子婴、分封诸王,重点倾注笔墨写了鸿门宴这一集中反映楚汉相争过程中预示项羽命运的重大事件;最后写项羽在楚汉之争中由强到弱直至兵败自刎的悲壮结局。在篇末论赞中则指出项羽失败的原因是他"自矜功伐,奋其私智""欲以力征经营天下"。

【原文】

项籍者,下相人也,字羽。初起时,年二十四。其季父项梁①,梁父即楚将项燕,为秦将王翦所戮者也。项氏世世为楚将,封于项,故姓项氏。

【注释】

①季父:小叔父。季,古人以伯(孟)、仲、叔、季排行,"季"指同辈人中年纪最小的。

【译文】

项籍,下相人,字羽。开始起事时,二十四岁。项籍的叔父是项梁,项梁的父亲是项燕,就是被秦将王翦杀害的那位楚国大将。项氏世世代代做楚将,受封于项地,所以姓项。

【原文】

项籍少时,学书不成,去①;学剑,又不成。项梁怒之。籍曰:"书足以记名姓而已。剑一人敌,不足学,学万人敌。"于是项梁乃教籍兵法,籍大喜,略知其意,又不肯竟学。

项梁尝有栎阳逮②,乃请蕲狱掾曹咎书抵栎阳狱掾司马欣③,以故事得已④。

项梁杀人,与籍避仇于吴中。吴中贤士大夫皆出项梁下。每吴中有大繇役及丧⑤,项梁常为主办,阴以兵法部勒宾客及子弟⑥,以是知其能。

秦始皇帝游会稽,渡浙江,梁与籍俱观。籍曰:"彼可取而代也。"梁掩其口,曰:"毋妄言,族矣⑦!"梁以此奇籍。

籍长八尺余,力能扛鼎,才气过人,虽吴中子弟皆已惮籍矣⑧。

【注释】

①去:舍弃,放弃。

②逮:因罪被逮捕。

③狱掾(yuàn):主管监狱的吏目。书抵:指写信给(某人)。书,作书,写信。抵,抵达,此指送达、送给。

④以故:因此。已:止,了结。

⑤繇:通"徭",劳役。

⑥部勒:部署,组织。

⑦族:灭族。

⑧虽:即使。惮:害怕。

【译文】

项籍年少时,曾学写字,没有学成就不学了;又学剑术,也没学成。项梁对他很生气。项籍却说:"写字,能够用来记名姓就行了。剑术,也只能敌一个人,不值得学,要学就学能敌万人的本事。"于是项梁就教项籍兵法,项籍非常高兴,可稍稍知道些兵法的大意,又不肯学了。

项梁曾因罪被栎阳县逮捕,他就请蕲县狱掾曹咎给栎阳狱掾司马欣写了封信,事情因此得以了结。

后来项梁又杀了人,为躲避仇人,和项籍一起逃到吴中。吴中的贤士大夫,本事都比不上项梁。每当吴中有大规模的徭役或大的丧事时,项梁常做主办人,并暗中用兵法部署组织宾客和吴中子弟,因此人们知道了他的才能。

秦始皇游会稽渡浙江时,项梁和项籍都去观看。项籍说:"那个人,我可以取代他!"项梁急忙捂住他的嘴,说:"不要胡说,要灭族的!"但项梁却因此而感到项籍很不一般。

项籍身高八尺有余,力大能举鼎,才气超过常人,即使是吴中子弟也都怕他。

【原文】

秦二世元年七月,陈涉等起大泽中。其九月,会稽守通谓梁曰①:"江西皆反,此亦天亡秦之时也。吾闻先即制人,后则为人所制。吾欲发兵,使公及桓楚将^②。"是时桓楚亡在泽中^③。梁曰："桓楚亡，人莫知其处，独籍知之耳。"梁乃出，诫籍持剑居外待。梁复人，与守坐，曰："请召籍，使受命召桓楚。"守曰："诺。"梁召籍入。须臾，梁眴籍曰^④："可行矣!"于是籍遂拔剑斩守头。项梁持守头，佩其印绶。门下大惊，扰乱，籍所击杀数十百人。一府中皆慑伏^⑤，莫敢起。梁乃召故所知豪吏，谕以所为起大事^⑥，遂举吴中兵。使人收下县，得精兵八千人。梁部署吴中豪杰为校尉、候、司马。有一人不得用，自言于梁。梁曰："前时某丧使公主某事，不能办，以此不任用公。"众乃皆伏^⑦。于是梁为会稽守，籍为裨将^⑧，徇下县^⑨。

【注释】

①会稽守通：会稽郡守殷通。

②将(jiàng)：带兵，率领。

③亡：逃亡，潜逃。

④眴(shùn)：用眼睛示意，使眼色。

⑤慑伏：吓得趴在地上不敢动。慑，恐惧，害怕。

⑥谕：晓喻，告诉。所为：等于说所以。

⑦伏：通"服"，敬服，佩服。

⑧裨(pí)将：副将。

⑨徇(xùn)：夺取，占领。

【译文】

秦二世元年七月，陈涉等在大泽乡起义。这一年九月，会稽郡守殷通对项梁说："大江以西都造反了，这也是上天灭亡秦的时候啊。我听说，做事占先一步就能控制别人，落后一步就被人控制。我打算起兵反秦，让您和桓楚带兵。"当时桓楚正逃亡在草泽之中。项梁说："桓楚逃亡在外，别人都不知道他的去处，只有项籍知道。"于是项梁出去嘱咐项羽持剑在外面等候，然后又进来跟郡守一起坐下，说："请让我把项籍叫进来，让他受命去召桓楚。"郡守说："好吧！"项梁就把项籍叫进去。过了片刻，项梁给项籍使个眼色，说："可以行动了！"于是项籍拔出剑来斩下了郡守的头。项梁提着郡守的头，佩带上他的官印。郡守的部下大为惊慌，一片混乱，项籍一连杀了一百来人。整个郡守府上下都吓得趴倒在地，没有人敢起来。项梁召集原先所熟悉的豪强官吏，告诉他们起事反秦的道理，就发动吴中之兵起事了。项梁派人接收会稽郡下属各县，得精兵八千人。又部署吴中豪杰，派他们做校尉、候、司马。其中有一个人没有被任用，自己来找项梁诉说。项梁说："前些日子某家有丧事，我派你主办一件事，没有办成，所以不能任用你。"众人听后都很敬服。于是项梁做了会稽郡守，项籍为副将，占领下属各县。

【原文】

章邯已破项梁军，则以为楚地兵不足忧，乃渡河击赵，大破之。当此时，赵歇为王，陈馀为将，张耳为相，皆走入巨鹿城。章邯令王离、涉间围巨鹿，章邯军其南，筑甬道而输之粟。陈馀为将，将卒数万人而军巨鹿之北，此所谓河北之军也。

【译文】

章邯打败项梁军后，认为楚地军兵不值得忧虑了，于是渡过黄河北进攻赵，大败赵军。这时，赵歇为王，陈馀为大将，张耳为国相，都逃进了巨鹿城。章邯命王离、涉间包围巨鹿，自己的军队驻扎在巨鹿南边，筑起甬道给他们输送军粮。陈馀为大将，率领数万士卒驻扎在巨鹿北边，这就是所谓的河北军。

【原文】

楚兵已破于定陶，怀王恐，从盱台之彭城，并项羽、吕臣军自将之。以吕臣为司徒，以其父吕青为令尹。以沛公为砀郡长，封为武安侯，将砀郡兵。

【译文】

楚兵在定陶战败后，怀王非常害怕，从盱台前往彭城，合并项羽、吕臣的军队亲自统率。任命吕臣为司徒，吕臣之父吕青为令尹。任命沛公为砀郡长，封为武安侯，统率砀郡的军兵。

【原文】

初，宋义所遇齐使者高陵君显在楚军，见楚王曰："宋义论武信君之军必败，居数日，军果败。兵未战而先见败征，此可谓知兵矣。"王召宋义与计事而大说之①，因置以为上将军，项羽为鲁公，为次将，范增为末将，救赵。诸别将皆属宋义，号为卿子冠军。行至安阳，留四十六日不进。项羽曰："吾闻秦军围赵王巨鹿，疾引兵渡河，楚击其外，赵应其内，破秦军必矣。"宋义曰："不然。夫搏牛之虻不可以破虮虱②。今秦攻赵，战胜则兵罢③，我承其敝；不胜，则我引兵鼓行而西，必举秦矣。故不如先斗秦赵④。夫被坚执锐，义不如公；坐而运策，公不如义。"因下令军中曰："猛如虎，很如羊⑤，贪如狼，强不可使者，皆斩之。"乃遣其子宋襄相齐，身送之至无盐，饮酒高会。天寒大雨，士卒冻饥。项羽曰："将戮力而攻秦，久留不行。今岁饥民贫，士卒食芋菽,军无见粮,乃饮酒高会,不引兵渡河因赵食,与赵并力攻秦,乃曰'承其敝'。夫以秦之强,攻新造之赵,其势必举赵。赵举而秦强,何敝之承!且国兵新破,王坐不安席,埽境内而专属于将军⑥,国家安危,在此一举。今不恤士卒而徇其私,非社稷之臣。"项羽晨朝上将军宋义,即其帐中斩宋义头,出令军中曰:"宋义与齐谋反楚,楚王阴令羽诛之。"当是时,诸将皆慑服,莫敢枝梧⑦。皆曰:"首立楚者,将军家也。今将军诛乱。"乃相与共立羽为假上将军⑧。使人追宋义子,及之齐,杀之。使桓楚报命于怀王。怀王因使项羽为上将军,当阳君、蒲将军皆属项羽。

【注释】

①说:通"悦",高兴,此指欣赏。

②搏牛之虻不可以破虮虱:能叮咬大牛的牛虻并不能破牛身上小小的虱子,比喻巨鹿城虽小,但很坚固,秦兵不能马上攻破它。

③罢:通"疲",疲乏,疲惫。

④斗:使动用法,使之争斗。

⑤很:不听从,执拗。

⑥埽:通"扫",倾其所有,全部集中。

⑦枝梧:本指架屋的小柱与斜柱,枝梧相抵,引申为抵抗、抗拒。

⑧假:代理,临时。

【译文】

先前,宋义出使齐国途中遇见的那位齐国使者高陵君显正在楚军中,他求见楚王说:"宋义曾论定武信君的军队必会失败,没过几天,果然战败。在军队没作战时,就能事先看出失败的征兆,这可称得上是懂得用兵了。"于是楚怀王召见宋义,跟他商议军中大事,非常欣赏他,因而命他为上将军,项羽为鲁公,任次将,范增任末将,去援救赵国。其他诸将都隶属于宋义,号称卿子冠军。军队进发行至安阳后,停留四十六天不向前进。项羽说:"我听说秦军把赵王围在巨鹿城内,赶快率兵渡过黄河,楚军从外面攻打,赵军在里面接应,打败秦军是一定的。"宋义说:"并非如此。能叮咬大牛的牛虻却损伤不了小小的虱子。如今秦攻打赵,打胜了,士卒也会疲惫,我们趁他们疲惫进攻;打不胜,我们就率兵擂鼓西进,一定能歼灭秦军。所以不如先让秦、赵互相争斗。若论披坚甲执兵器,英勇拼杀,我宋义比不上您;若论坐于军帐,运筹决策,您比不上我宋义。"于是通令全军:"凶猛如虎,违逆如羊,贪婪如狼,倔强不听指挥的,一律斩杀。"又派儿子宋襄去辅佐齐国,并亲自送到无盐,置备酒筵,大会宾客。当时天气寒冷,又下大雨,士卒又冷又饿。项羽对将士说:"我们大家想齐心合力攻打秦军,他却久久停留不向前进。如今正赶上荒年,百姓贫困,士卒吃的是芋菽,军中没有存粮,他竟置备酒筵,大会宾客,不率兵渡河去从赵国取得粮食,跟赵合力攻秦,却说'趁秦军疲惫再进攻'。那么强大的秦国攻打刚建立的赵,那形势必定是能攻占赵。赵被攻占,秦就更强大,到那时,还谈得上什么利用秦国的疲惫!再说,我们的军队刚打了败仗,怀王坐不安席,集中境内全部兵卒粮饷交给上将军,国家安危,在此一举。可上将军不体恤士卒,却牟取私利,不是国家真正的贤臣。"项羽早晨去参见上将军宋义,就在军帐中斩了他的头,出来向军中发令说:"宋义和齐同谋反楚,楚王密令我处死他。"这时,诸将都畏服项羽,没谁敢抗拒,都说:"首先扶立楚国的,是项将军家。如今又是将军诛灭了叛乱之臣。"于是大家一起拥立项羽为临时上将军。项羽派人追赶宋义之子,追到齐国境内,将他杀了。又派桓楚去向怀王报告。楚怀王于是让项羽做了上将军,当阳君、蒲将军都归属项羽。

【原文】

项羽已杀卿子冠军,威震楚国,名闻诸侯。乃遣当

8

阳君、蒲将军将卒二万渡河，救巨鹿。战少利，陈馀复请兵。项羽乃悉引兵渡河，皆沉船，破釜甑①，烧庐舍，持三日粮，以示士卒必死，无一还心。于是至则围王离，与秦军遇，九战，绝其甬道，大破之，杀苏角，虏王离。涉间不降楚，自烧杀。

【注释】

①釜：锅。甑（zèng）：做饭用的瓦器。

【译文】

项羽诛杀了卿子冠军，威震楚国，名闻诸侯。他于是派遣当阳君、蒲将军率兵二万人渡过漳河，援救巨鹿。战争只有一些小的胜利，陈馀又请求增援。项羽就率领全部军队渡过漳河，沉没了所有船只，砸破了所有锅碗，烧毁了全部营垒，只带上三天的干粮，以此向士卒表示一定要决死战斗，毫无退还之心。项羽率军一到就包围了王离，与秦军遭遇，交战多次，阻断了秦军的甬道，大败秦军，杀了苏角，俘虏了王离。涉间拒不降楚，自焚而死。

【原文】

当是时，楚兵冠诸侯。诸侯军救巨鹿下者十余壁①，莫敢纵兵。及楚击秦，诸将皆从壁上观。楚战士无不一以当十，楚兵呼声动天，诸侯军无不人人惴恐。于是已破秦军，项羽召见诸侯将，入辕门，无不膝行而前，莫敢仰视。项羽由是始为诸侯上将军，诸侯皆属焉。

【注释】

①壁：壁垒，营垒。

【译文】

这时,楚兵勇猛居诸侯之首。前来援救巨鹿的诸侯军筑有十几座营垒,没有谁敢发兵出战。楚军攻击秦军时,他们都只在营垒中观望。楚军战士无一以当十,士兵们杀声震天,诸侯军无不人人心惊胆寒。打败秦军以后,项羽召见诸侯将领,当他们进入辕门时,无不跪着用膝盖向前走,没有谁敢抬头仰视。自此,项羽真正成了诸侯的上将军,各路诸侯都隶属于他。

【原文】

行略定秦地①。函谷关有兵守关,不得入。又闻沛公已破咸阳,项羽大怒,使当阳君等击关。项羽遂入,至于戏西。沛公军霸上,未得与项羽相见。沛公左司马曹无伤使人言于项羽曰:"沛公欲王关中,使子婴为相,珍宝尽有之。"项羽大怒,曰:"旦日飨士卒,为击破沛公军!"

【注释】

①行:行将,将要。

【译文】

项羽要去夺取平定秦地。到了函谷关,关内有士兵把守,不能进入。又听说沛公已攻下咸阳,项羽非常生气,就派当阳君等攻打函谷关。这样项羽才进了关,一直到戏水之西。当时,沛公军驻扎在霸上,没能跟项羽相见。沛公的左司马曹无伤派人告诉项羽说:"沛公想在关中称王,让秦王子婴为相,珍奇宝物都占为己有了。"项羽大为愤怒,说:"明天准备酒食,犒劳士卒,给我把沛公的部队打垮!"

【原文】

当是时，项羽兵四十万，在新丰鸿门。沛公兵十万，在霸上。范增说项羽曰："沛公居山东时，贪于财货，好美姬。今入关，财物无所取，妇女无所幸，此其志不在小。吾令人望其气，皆为龙虎，成五采，此天子气也。急击勿失。"

【译文】

这时，项羽有兵卒四十万，驻扎在新丰鸿门。沛公有兵卒十万，驻扎在霸上。范增劝项羽说："沛公住在山东时，贪图财货，宠爱美女。现在进了关，财物什么都不取，美女也没亲近一个，看这势头他的志气可不小啊。我让人觇望他那边的云气，都呈现为龙虎之状，五色斑斓，这是天子的瑞气呀。希望您赶快进攻，不要错失良机。"

【原文】

楚左尹项伯者，项羽季父也，素善留侯张良。张良是时从沛公，项伯乃夜驰之沛公军，私见张良，具告以事，欲呼张良与俱去。曰："毋从俱死也。"张良曰："臣为韩王送沛公，沛公今事有急，亡去不义，不可不语。"良乃入，具告沛公。沛公大惊，曰："为之奈何？"张良曰："谁为大王为此计者？"曰："鲰生说我曰[①]：'距关，毋内诸侯，秦地可尽王也。'故听之。"良曰："料大王士卒足以当项王乎？"沛公默然，曰："固不如也，且为之奈何？"张良曰："请往谓项伯，言沛公不敢背项王也。"沛公曰："君安与项伯有故？"张良曰："秦时与臣游，项伯杀人，臣活之。今事有急，故幸来告良。"沛公曰："孰与君少长？"良曰："长于臣。"沛公曰："君为我呼入，吾得兄事之。"张良出，要项伯②。项伯即入见沛公。沛公奉卮酒为寿③，约为婚姻④，曰："吾入关，秋毫不敢有所近，籍吏民⑤，封府库，而待将军。所以遣将守关者，备他盗之出入与非常也⑥。日夜望将军至，岂敢反乎！愿伯具言臣之不敢倍德也。"项伯许诺，谓沛公曰："旦日不可不蚤自来谢项王。"沛公曰："诺。"于是项伯复夜去，至军中，具以沛公言报项王。因言曰："沛公不先破关中，公岂敢入乎？今人有大功而击之，不义也，不如因而善遇之。"项王许诺。

【注释】

①鲰（zōu）生：浅薄愚陋的小人。鲰，小鱼，比喻浅薄愚陋。
②要：通"邀"，邀请。
③卮（zhī）：酒器。为寿：古时献酒致祝颂词叫为寿。
④约为婚姻：约做儿女亲家。
⑤籍：登记。
⑥非常：指意外变故。

【译文】

楚国的左尹项伯，是项羽的叔父，一向跟留侯张良要好。张良这时正跟随沛公，项伯连夜赶到沛公军中，私下见了张良，将事情全都告诉了他，想叫张良跟他一起离开。项伯说："不要跟沛公一块儿送死啊。"张良说："我是为韩王来护送沛公的，沛公如今情况危急，我若逃走就太不义了，不能不告诉他。"张良于是进入军帐，把项伯的话全告诉了沛公。沛公非常惊慌，说："该怎么办呢？"张良说："是谁给大王出的派兵守关这个主意？"沛公说："是一个浅陋小人劝我说：'守住函谷关，不要让诸侯军进来，您就可以占据整个秦地称王了。'所以听了他的话。"张良说：

"估计您的兵力敌得过项王吗?"沛公沉默不语,过了一会儿说:"当然敌不过,那怎么办呢?"张良说:"请让我前去告诉项伯,就说沛公是不敢背叛项王的。"沛公说:"您怎么跟项伯有交情呢?"张良说:"还是在秦时,我们就有交往,项伯杀了人,我使他免了死罪。如今情况危急,幸好他来告诉我。"沛公说:"你们两人谁年龄大?"张良说:"他比我大。"沛公说:"您替我请他进来,我要像对待兄长一样侍奉他。"张良出去邀请项伯。项伯随即进来与沛公相见。沛公捧着酒杯向项伯献酒祝寿,又定下了儿女婚姻,说:"我进入函谷关,连秋毫那样细小的东西都没敢动,登记人口,封闭府库,只等着项将军到来。之所以派将守关,是为防备其他盗贼窜入和意外变故。我们日夜盼项将军到来,哪里敢谋反啊!希望您详细转告项将军,我是绝不敢忘恩负义的。"项伯答应了,对沛公说:"明天可千万早点亲自来向项王道歉。"沛公说:"好吧。"于是项伯又乘夜离开,回到军营中,将沛公的话一一报告项王。接着又说:"如果不是沛公先攻破关中,您怎么敢进关呢?如今人家有大功反而要攻打人家,这不合道义,不如就此好好对待他。"项王答应了。

【原文】

沛公旦日从百余骑来见项王,至鸿门,谢曰:"臣与将军戮力而攻秦,将军战河北,臣战河南,然不自意能先入关破秦,得复见将军于此。今者有小人之言,令将军与臣有郤。"项王曰:"此沛公左司马曹无伤言之;不然,籍何以致此。"项王即日因留沛公与饮。项王、项伯东向坐,亚父南向坐。亚父者,范增也。沛公北向坐,张良西向侍。范增数目项王,举所佩玉玦以示之者三,项王默然不应。范增起,出召项庄,谓曰:"君王为人不忍,若入前为寿①,寿毕,请以剑舞,因击沛公于坐,杀之。不者②，若属皆且为所虏③。"庄则入为寿。寿毕，曰："君王与沛公饮，军中无以为乐，请以剑舞。"项王曰："诺。"项庄拔剑起舞，项伯亦拔剑起舞，常以身翼蔽沛公④，庄不得击。于是张良至军门，见樊哙。樊哙曰："今日之事何如？"良曰："甚急。今者项庄拔剑舞，其意常在沛公也。"哙曰："此迫矣，臣请入，与之同命。"哙即带剑拥盾入军门。交戟之卫士欲止不内，樊哙侧其盾以撞，卫士仆地。哙遂入，披帷西向立⑤，瞋目视项王，头发上指，目眦尽裂⑥。项王按剑而跽曰⑦："客何为者？"张良曰："沛公之参乘樊哙者也⑧。"项王曰："壮士！赐之卮酒。"则与斗卮酒。哙拜谢，起，立而饮之。项王曰："赐之彘肩⑨。"则与一生彘肩。樊哙覆其盾于地，加彘肩上，拔剑切而啖之⑩。项王曰："壮士，能复饮乎？"樊哙曰："臣死且不避，卮酒安足辞！夫秦王有虎狼之心，杀人如不能举，刑人如不恐胜，天下皆叛之。怀王与诸将约曰'先破秦入咸阳者王之'。今沛公先破秦入咸阳，毫毛不敢有所近，封闭宫室，还军霸上，以待大王来。故遣将守关者，备他盗出入与非常也。劳苦而功高如此，未有封侯之赏，而听细说，欲诛有功之人。此亡秦之续耳，窃为大王不取也。"项王未有以应，曰："坐。"樊哙从良坐。坐须臾，沛公起如厕，因招樊哙出。

【注释】

①若：汝，你。
②不者：不然的话。不，同"否"。
③且：将，将要。
④翼蔽：遮蔽，掩护。

⑤披:分开。

⑥眥(zì):眼眶。

⑦跽(jì):长跪,挺起上身两膝着地。

⑧参乘:即"骖乘",与君主同车,站在君主右侧做护卫的武士,又叫车右。

⑨彘(zhì)肩:猪腿。

⑩啖(dàn):吃。

【译文】

第二天,沛公带着一百多名侍从来见项王,到了鸿门,向项王赔罪说:"臣和将军合力攻秦,将军在河北作战,臣在河南作战,却没想到能先入关破秦,在这里又见到将军。现在有小人说了坏话,才使将军和臣之间有了嫌隙。"项王说:"这是您的左司马曹无伤说的;不然,我怎么会这样。"项王当日就留沛公一起饮酒。项王、项伯面向东坐,亚父面向南坐。亚父就是范增。沛公面向北坐,张良面向西陪侍。范增好几次给项王使眼色,又好几次举起身上佩戴的玉玦向他示意,项王只是沉默着,不作反应。范增起身出去,叫来项庄,对他说:"君王为人心肠太软,你进去上前献酒祝寿,然后请求舞剑,趁机刺击沛公,将他杀死在座席上。不然,你们这些人都将成为人家的俘虏。"项庄进来,上前献酒祝寿。祝酒完毕,对项王说:"君王和沛公饮酒,军营中没有什么可以娱乐的,就让我来舞剑吧。"项王说:"那好。"项庄就拔剑起舞,项伯也拔剑起舞,常常用身体掩护沛公,项庄无法刺击沛公。见此情景,张良走到军门,找到樊哙。樊哙问:"今天的事情怎么样?"张良说:"很危急!现在项庄正在舞剑,一直在打沛公的主意呀!"樊哙说:"这太危险了!让我进去,我要跟沛公同生死!"樊哙带着剑拥着盾就往军门里闯。交叉持戟的卫士想挡住不让他进去,樊哙侧过盾一撞,卫士们仆倒在地。樊哙于是闯入军门,挑开帷帐面向西站定,睁圆眼睛怒视项王,头发根根竖起,两边眼角都要睁裂了。项王伸手握住宝剑挺直身子,问:"这位客人是干什么的?"张良说:

15

"是沛公的护卫樊哙。"项王说:"真是位壮士!赐他一杯酒!"手下人给樊哙递上一大杯酒。樊哙拜谢,起身站着喝了。项王说:"赐他一只猪肘!"手下人递过来一只生猪肘。樊哙反扣盾牌在地上,把猪肘放在上面,拔出剑来边切边吃。项王说:"好一位壮士!还能再喝吗?"樊哙说:"臣连死都不在乎,一杯酒又有什么可推辞的!那秦王有虎狼一样凶狠的心,杀人无数,好像唯恐杀不完,给人加刑,好像唯恐用不尽,天下人都叛离了他。怀王曾和诸将约定说'先击败秦军进入咸阳,让他在关中为王'。如今沛公先击败秦军进入咸阳,连毫毛那么细小的财物都没敢动,封闭秦王宫室,撤军回到霸上,等待大王您的到来。之所以派遣将士把守函谷关,为的是防备其他盗贼窜入和意外的变故。沛公如此劳苦功高,没有得到封侯的赏赐,您反而听信小人的谗言,要杀害有功之人。这只能是走秦朝灭亡的老路,我私下认为大王您不应采取这种做法。"一番话说得项王无话回答,只是说:"坐。"樊哙挨着张良坐下来。坐了一会儿,沛公起身上厕所,顺便叫出樊哙。

【原文】

沛公已出,项王使都尉陈平召沛公。沛公曰:"今者出,未辞也,为之奈何?"樊哙曰:"大行不顾细谨①,大礼不辞小让②。如今人方为刀俎,我为鱼肉,何辞为?"于是遂去。乃令张良留谢。良问曰:"大王来何操?"曰:"我持白璧一双,欲献项王;玉斗一双,欲与亚父。会其怒,不敢献。公为我献之。"张良曰:"谨诺。"

当是时,项王军在鸿门下,沛公军在霸上,相去四十里。沛公则置车骑③,脱身独骑,与樊哙、夏侯婴、靳强、纪信等四人持剑盾步走④,从郦山下,道芷阳间行⑤。沛公谓张良曰:"从此道至吾军,不过二十里耳。

度我至军中,公乃入。"

沛公已去,间至军中。张良入谢,曰:"沛公不胜杯杓⑥,不能辞。谨使臣良奉白璧一双,再拜献大王足下;玉斗一双,再拜奉大将军足下。"项王曰:"沛公安在?"良曰:"闻大王有意督过之,脱身独去,已至军矣。"项王则受璧,置之坐上。亚父受玉斗,置之地,拔剑撞而破之,曰:"唉!竖子不足与谋。夺项王天下者,必沛公也,吾属今为之虏矣。"沛公至军,立诛杀曹无伤。

【注释】

①大行:指干大事。谨:仪节,礼节。

②大礼:指把握大节。辞:推辞,此指避开、回避。让:责备。

③置:放弃,丢下。

④步走:徒步跑,指不骑马乘车。

⑤道:取道,经由。间行:抄小道走。

⑥杯杓:两种酒器,此借指酒。杓,同"酌"。

【译文】

沛公出来后,项王派都尉陈平叫沛公。沛公对樊哙说:"现在我出来,没告辞,怎么办?"樊哙说:"干大事不必顾及小的礼节,讲大节无须回避小的责备。如今人家好比是刀子砧板,我们好比是鱼肉,还告辞干什么?"于是一行人决定离开,让张良留下向项王致歉。张良问:"大王来时带了什么礼物?"沛公说:"我拿来白璧一双,准备献给项王;玉斗一对,准备献给亚父。正赶上他们发怒,没敢献上。您替我献上吧。"张良说:"遵命。"

这时,项王军驻扎在鸿门一带,沛公军驻扎在霸上,相去四十里。沛公扔下车马、侍从,脱身独自骑马而走,樊哙、夏侯婴、靳强、纪信等四人手持剑盾,跟在后面徒步奔跑,从骊山而下,取道芷阳抄小路而行。沛公

17

临行前对张良说:"从这条路到我们军营,不过二十里。估计我到了军营,您才能进去。"

沛公等一行离开鸿门,抄小路回至军营,张良进去致歉,说道:"沛公酒量不大,喝得多了点,不能跟大王告辞了。谨让臣张良奉上白璧一双,恭敬地献给大王足下;玉斗一对,恭敬地献给大将军足下。"项王问道:"沛公在哪里?"张良答道:"听说大王有意责怪他,他就脱身一个人走了,已回到军营。"项王接过白璧,放在座位上。亚父接过玉斗,扔在地上,拔出剑来撞碎了,说:"唉!这小子没法跟他共谋大事。夺取项王天下的,一定是沛公了,我们这班人就要成为他的俘虏了!"沛公回到军营,立即杀了曹无伤。

【原文】

项王军壁垓下,兵少食尽,汉军及诸侯兵围之数重。夜闻汉军四面皆楚歌,项王乃大惊曰:"汉皆已得楚乎?是何楚人之多也!"项王则夜起,饮帐中。有美人名虞,常幸从;骏马名骓,常骑之。于是项王乃悲歌慷慨,自为诗曰:"力拔山兮气盖世,时不利兮骓不逝①。骓不逝兮可奈何,虞兮虞兮奈若何!"歌数阕,美人和之。项王泣数行下,左右皆泣,莫能仰视。

【注释】

①逝:跑。

【译文】

项王军在垓下修筑了营垒,但兵少粮尽,汉军及诸侯兵团团包围了好几层。深夜,项王听到汉军在四面唱着楚地的歌,大为吃惊,说:"难道汉已取得了楚地?怎么楚国人这么多呢?"项王连夜起来,在帐中饮酒。

有美人名虞,一直受宠跟在项王身边;有骏马名骓,项王一直骑着。这时,项王不禁慷慨悲歌,自己作诗吟唱道:"力拔山兮气盖世,时不利兮骓不逝。骓不逝兮可奈何,虞兮虞兮奈若何!"项王唱了几遍,虞姬在一旁和唱。项王眼泪一道道流下来,左右侍从也都跟着落泪,没有人敢抬起头来看他。

【原文】

于是项王乃上马骑,麾下壮士骑从者八百余人,直夜溃围南出①,驰走。平明,汉军乃觉之,令骑将灌婴以五千骑追之。项王渡淮,骑能属者百余人耳②。项王至阴陵,迷失道,问一田父,田父绐曰"左"③。左,乃陷大泽中。以故汉追及之。项王乃复引兵而东,至东城,乃有二十八骑。汉骑追者数千人。项王自度不得脱,谓其骑曰:"吾起兵至今八岁矣,身七十余战,所当者破,所击者服,未尝败北,遂霸有天下。然今卒困于此,此天之亡我,非战之罪也。今日固决死,愿为诸君快战④,必三胜之,为诸君溃围,斩将,刈旗,令诸君知天亡我,非战之罪也。"乃分其骑以为四队,四向。汉军围之数重。项王谓其骑曰:"吾为公取彼一将。"令四面骑驰下,期山东为三处⑤。于是项王大呼驰下,汉军皆披靡⑥,遂斩汉一将。是时,赤泉侯为骑将,追项王,项王瞋目而叱之,赤泉侯人马俱惊,辟易数里⑦。与其骑会为三处。汉军不知项王所在,乃分军为三,复围之。项王乃驰,复斩汉一都尉,杀数十百人,复聚其骑,亡其两骑耳。乃谓其骑曰:"何如?"骑皆伏曰:"如大王言。"

【注释】

①直夜:半夜。

②属:连接,此指跟上。

③绐(dài):通"诒",欺骗。

④快战:痛快地打一仗。

⑤期山东为三处:约好突围后在山东面的三个地点集合。

⑥披靡:原指草木随风倒伏,此比喻军队溃败。

⑦辟易:倒退,退避。

【译文】

于是项王骑上马,麾下壮士八百多人骑马跟在后面,半夜突破重围,向南冲出,飞驰而逃。天快亮时,汉军才发觉,命骑将灌婴带领五千骑兵去追赶。项王渡过淮水,部下壮士能跟上的只剩下一百多人了。项王到达阴陵,迷了路,去问一个农夫,农夫骗他说:"向左边走。"项王带人向左,陷进了大沼泽地中。因此,汉兵追上了他们。项王又带着兵卒向东,到达东城,只剩下二十八人了。汉军骑兵追赶上来的有几千人。项王自己估计不能逃脱了,对他的骑兵说:"我带兵起事至今已八年了,身经七十余战,所抵挡的敌人都被打垮,所攻击的敌人无不降服,从来没有失败过,因而能够称霸,据有天下。可如今终于被困在这里,这是上天要灭亡我,绝不是作战的过错。今天肯定得决心战死了,我愿意为诸位打个痛痛快快的仗,一定胜它三回,给诸位冲破重围,斩杀汉将,砍倒军旗,让诸位知道的确是上天要灭亡我,绝不是作战的过错。"于是将兵卒分成四队,面朝四方。汉军将他们围了好几层。项王对兵卒说:"我来给你们拿下一员汉将!"命四面骑兵驱马飞奔而下,约定冲到山的东边,分作三处集合。于是项王高声呼喊着冲了下去,汉军像草木随风倒伏一样溃败了,项王杀掉了一名汉将。这时,赤泉侯为汉军骑将,在后面追赶项王,项王瞪大眼睛呵斥他,赤泉侯连人带马都吓坏了,退避了好几里。项王与他的骑兵分三个地方会合了。汉军不知项王去向,就将军兵分为三路,再次包围上来。项王驱马冲上去,又斩了一名汉军都尉,杀死百八十人。重新聚拢骑兵,仅仅损失两人。项王问兵卒道:"怎么样?"兵卒们都敬服地说:"正像大王说的那样。"

【原文】

　　于是项王乃欲东渡乌江。乌江亭长檥船待①,谓项王曰:"江东虽小,地方千里,众数十万人,亦足王也。愿大王急渡。今独臣有船,汉军至,无以渡。"项王笑曰:"天之亡我,我何渡为!且籍与江东子弟八千人渡江而西,今无一人还,纵江东父兄怜而王我,我何面目见之?纵彼不言,籍独不愧于心乎?"乃谓亭长曰:"吾知公长者。吾骑此马五岁,所当无敌,尝一日行千里,不忍杀之,以赐公。"乃令骑皆下马步行,持短兵接战。独籍所杀汉军数百人。项王身亦被十余创,顾见汉骑司马吕马童,曰:"若非吾故人乎?"马童面之,指王翳曰:"此项王也。"项王乃曰:"吾闻汉购我头千金,邑万户,吾为汝德。"乃自刎而死。王翳取其头,余骑相蹂践争项王,相杀者数十人。最其后,郎中骑杨喜,骑司马吕马童,郎中吕胜、杨武各得其一体②。五人共会其体,皆是。故分其地为五:封吕马童为中水侯,封王翳为杜衍侯,封杨喜为赤泉侯,封杨武为吴防侯,封吕胜为涅阳侯。

【注释】

①檥(yǐ):同"舣",使船靠岸。
②体:身体的部分,四肢加头合称五体。

这时,项王想要向东渡过乌江。乌江亭长正停船靠岸等在那里,对项王说:"江东虽然小,但土地方圆千里,民众有几十万,也足够称王了。希望大王赶快渡江。现在只有我这儿有船,汉军到了,没法渡过去。"项王笑了笑说:"上天要灭亡我,我还渡乌江干什么!再说我和江东子弟八千人渡江西征,如今没有一个人回来,纵使江东父老兄弟怜爱我让我做王,我又有什么脸面去见他们?纵使他们不说什么,我项籍难道心中无有愧吗?"就对亭长说:"我知道您是位忠厚长者,我骑着这匹马征战了五年,所向无敌,曾日行千里,我不忍心杀掉它,把它送给您吧。"于是命骑兵都下马步行,手持短兵器与追兵交战。唯独项籍一个人杀掉汉军几百人。项王身上也有十几处负伤,回头看见汉军骑兵司马吕马童,说:"你不是我的老相识吗?"马童这时才跟项王打了个对脸儿,于是指给王翳说:"这就是项王。"项王说:"我听说汉王用黄金千斤、封邑万户悬赏征求我的头,我就把这份好处送你吧。"说完,自刎而死。王翳拿下项王的头,其他士兵互相践踏争抢项王的躯体,由于相争而被杀死的有几十人。最后,郎中骑杨喜、骑司马吕马童、郎中吕胜、杨武各争得一个肢体。五人将肢体拼合,正好都对。因此,将项羽的土地分成五块:封吕马童为中水侯,封王翳为杜衍侯,封杨喜为赤泉侯,封杨武为吴防侯,封吕胜为涅阳侯。

【原文】

项王已死,楚地皆降汉,独鲁不下。汉乃引天下兵欲屠之,为其守礼义,为主死节,乃持项王头视鲁①,鲁父兄乃降。始,楚怀王初封项籍为鲁公,及其死,鲁最后下,故以鲁公礼葬项王毂城。汉王为发哀,泣之而去。

诸项氏枝属②,汉王皆不诛。乃封项伯为射阳侯。桃侯、平皋侯、玄武侯皆项氏,赐姓刘。

【注释】

①视:通"示",出示给某人看。

②枝属:宗族。

【译文】

项王已死,楚地全降了汉王,只有鲁地不降服。汉王率领天下之兵想要屠戮鲁城,但考虑到他们恪守礼义,为君主守节不惜一死,就拿着项王的头给鲁人看,鲁地父老这才投降。当初,楚怀王封项籍为鲁公,等他死后,鲁国又最后投降,所以按照鲁公这一封号的礼仪将项王安葬在穀城。汉王给他发丧,哭了一通后才离去。

项氏宗族各旁枝,汉王都不加杀戮。封项伯为射阳侯。桃侯、平皋侯、玄武侯都属于项氏,汉工赐姓刘。

【原文】

太史公曰:吾闻之周生曰"舜目盖重瞳子",又闻项羽亦重瞳子。羽岂其苗裔邪①?何兴之暴也②!夫秦失其政,陈涉首难,豪杰蜂起,相与并争,不可胜数。然羽非有尺寸③,乘势起陇亩之中,三年,遂将五诸侯灭秦,分裂天下,而封王侯,政由羽出,号为"霸王",位虽不终,近古以来未尝有也。及羽背关怀楚④,放逐义帝而自立,怨王侯叛己,难矣。自矜功伐⑤,奋其私智而不师古⑥。谓霸王之业,欲以力征经营天下。五年卒亡其国,身死东城,尚不觉寤而不自责⑦,过矣。乃引"天亡我,非用兵之罪也",岂不谬哉!

【注释】

①苗裔:后代。

②暴:突然。

③尺寸:指尺寸之地。

④背:弃,舍弃。

⑤矜:夸,夸耀。功伐:战功,功勋。

⑥奋:振,此指极力施展。

⑦寤:通"悟"。

【译文】

太史公说:我听周生说"舜的眼睛可能是两个瞳仁儿",又听说项羽也是两个瞳仁儿。项羽难道是舜的后代吗?不然他为什么兴起得那么突然啊!秦朝搞糟了它的政令,陈涉首先发难,各路豪杰蜂拥而起,你争我夺,数也数不清。然而项羽没有尺寸封地可以凭借,趁大乱之势兴起于陇亩之中,只三年的时间,就率领齐、赵、韩、魏、燕五国诸侯灭掉了秦,裂分天下土地,封王封侯,政令全都由项羽发出,自号为"霸王",他的势位虽然没能长久,但近古以来像这样的人还不曾有过。至于项羽舍弃关中,思念楚国建都彭城,放逐义帝,自立为王,而又埋怨诸侯背叛自己,想成大事可就难了。他自夸战功,竭力施展个人的才智,却不肯师法古人。认为霸王的功业要靠武力征伐治理天下,结果五年之间终于亡了国,身死东城,仍不觉悟,也不自责,实在是太错误了。而他竟然拿"上天要灭亡我,不是用兵的过错"这句话来辩解,难道不荒谬吗?

齐太公世家（节选）

　　本篇用系年的方式，系统记载了齐太公吕尚事迹及其后裔世系承传，记录了姜姓齐国从太公开国至康公身死国亡的整个历史。姜姓齐国，本为周初功臣太公吕尚封国，太公佐周建功，得封于齐；齐国在春秋时期逐渐强大，成为中原大国之一，至齐桓公时，用管仲而称霸；其后齐国渐趋衰落，崔杼弑君、庆封乱国之后，姜姓公室大伤元气，到齐康公时田氏代齐，姜氏齐国为田氏取代。其中太公建功事迹与齐桓公称霸而尊王攘夷尤为作者所重，于篇末论赞中对二人大加赞颂。对齐桓公晚年因宠信小人而身死六十七日不葬的结局，作者流露出无限感慨之情。

【原文】

　　太公望吕尚者，东海上人。其先祖尝为四岳[①]，佐禹平水土，甚有功。虞夏之际封于吕，或封于申，姓姜氏。夏商之时，申、吕或封枝庶子孙，或为庶人，尚其后苗裔也。本姓姜氏，从其封姓，故曰吕尚。

【注释】

　　①四岳：传说为尧、舜掌管四时、主持方岳巡守的官长。

【译文】

太公望吕尚,是东海边的人。其先祖曾做过掌管四方部落的长官,辅佐夏禹治理水土有大功。舜、禹之时被封在吕,有的被封在申,姓姜。夏、商两代,申、吕有的封给旁支子孙,也有的后代成为平民,吕尚就是他们的远代后裔。吕尚本姓姜,因为以其封地之名为姓氏,所以叫吕尚。

【原文】

　　吕尚盖尝穷困①,年老矣,以渔钓奸周西伯②。西伯将出猎,卜之,曰"所获非龙非螭③,非虎非罴④;所获霸王之辅"。于是周西伯猎,果遇太公于渭之阳⑤,与语大说,曰:"自吾先君太公曰'当有圣人适周,周以兴'。子真是邪? 吾太公望子久矣。"故号之曰"太公望",载与俱归,立为师。

【注释】

①盖:句中语气词,无义。

②奸:通"干",有所求取,请托。

③螭(chī):通"螭",传说中一种似龙的动物。

④罴:棕熊,俗称"人熊"。

⑤阳:河的北岸。

【译文】

吕尚曾经穷困,年老时,借钓鱼的机会求见周西伯。西伯在出外狩猎之前,占了一卦,卦辞说:"所得猎物非龙非螭,非虎非熊;所得乃是成就霸王之业的辅佐之臣。"于是西伯出猎,果然在渭河北岸遇到太公,与之谈论后西伯大喜,说:"自从我国先君太公说'一定会有圣人来周,周将会因此兴盛'。这个人就是您吧？我太公盼望您很久了。"因此称吕尚为"太公望"，二人一同乘车回去，尊其为师。

【原文】

或曰，太公博闻，尝事纣。纣无道，去之。游说诸侯，无所遇，而卒西归周西伯。或曰，吕尚处士，隐海滨。周西伯拘羑里，散宜生、闳夭素知而招吕尚。吕尚亦曰"吾闻西伯贤，又善养老，盍往焉①"。三人者为西伯求美女奇物，献之于纣，以赎西伯。西伯得以出，反国。言吕尚所以事周虽异，然要之为文、武师。

【注释】

①盍(hé)：副词，何不。

【译文】

有人说，太公博学多闻，曾为商纣做事。商纣无道，太公就离开了。四处游说列国诸侯，没有遇到知遇之君，最终西行归附周西伯。有人说，吕尚乃一处士，隐居在海滨。周西伯被囚禁在羑里时，西伯之臣散宜生、闳夭久闻吕尚之名而召请他。吕尚也说："听说西伯贤德，又一贯尊重关心老年人，何不前往？"这三人为了营救西伯，寻找美女奇宝，献给纣王，以赎取西伯。西伯因此得以被释，返回周国。虽然吕尚归周的传说各异，但大旨都说他成为文王、武王之师。

【原文】

周西伯昌之脱羑里归，与吕尚阴谋修德以倾商政①，其事多兵权与奇计②，故后世之言兵及周之阴权皆宗太公为本谋。周西伯政平,及断虞芮之讼③,而诗人称西伯受命曰文王。伐崇、密须、犬夷,大作丰邑④。天下三分,其二归周者,太公之谋计居多。

【注释】

①倾:推翻,颠覆。

②兵权:用兵之计谋。

③断虞芮之讼:虞国在今山西平陆,芮国在今陕西大荔,二国争地,西伯为之解决事端。

④作:建设。

【译文】

周西伯昌从羑里脱身归国后,暗中和吕尚策划如何施行德政以推翻商纣政权,其中大多是用兵的权谋和奇计,所以后代谈论用兵之道和周朝的隐秘权术都尊太公为主要策划者。周西伯为政清平,在明断了虞、芮二国的国土争讼后,被诗人称道为是承受天命的文王。西伯又讨伐了崇国、密须和犬夷,大规模建设丰邑。天下三分之二的诸侯都归心向周,多半是太公谋划的结果。

【原文】

文王崩,武王即位。九年,欲修文王业,东伐,以观诸侯集否①。师行,师尚父左杖黄钺②,右把白旄以誓,曰:"苍兕苍兕③,总尔众庶④,与尔舟楫,后至者斩!"遂至盟津。诸侯不期而会者八百。诸侯皆曰:"纣可伐也。"武王曰:"未可。"还师,与太公作此《太誓》。

【注释】

①集否:指人心向背。集,聚集。

②杖:执持。黄钺:以黄金为饰的长兵器,状如大斧,为帝王专用,或特赐给大臣,以示威重。

③苍兕:传说中的水中猛兽名,借为主管舟楫的官名。

④总:统领。

【译文】

文王驾崩后,武王即位。九年,武王想继续完成文王大业,东征商纣,察看诸侯是否云集响应。军队出师之际,被尊为"师尚父"的吕尚左手拿着黄钺,右手握着白旄誓师,说:"苍兕苍兕,统领众兵,集结船只,迟者斩首。"于是兵至盟津。各国诸侯不召自来者有八百之多。诸侯们都说:"商纣可以征伐了。"武王说:"还不行。"班师而还,与太公一同写了《太誓》。

【原文】

居二年,纣杀王子比干,囚箕子。武王将伐纣,卜,龟兆不吉,风雨暴至。群公尽惧,唯太公强之,劝武王,武王于是遂行。十一年正月甲子,誓于牧野,伐商纣。纣师败绩。纣反走,登鹿台,遂追斩纣。明日,武王立于社①,群公奉明水②,卫康叔封布采席③,师尚父牵牲,史佚策祝④,以告神讨纣之罪。散鹿台之钱,发巨桥之粟,以振贫民⑤。封比干墓,释箕子囚。迁九鼎,修周政,与天下更始。师尚父谋居多。

【注释】

①社:祭土神之所。

②明水:洁净之水,祭祀所用。

③布:铺展。采:同"彩"。

④策祝：诵读向天祈祷之辞。

⑤振：同"赈"。

【译文】

又过了两年，商纣杀死王子比干，囚禁了箕子。武王又将要征伐商纣，占卜一卦，龟兆显示不吉利，风雨降临。群臣皆恐，只有太公强劝武王进军讨伐，武王于是出兵。十一年正月甲子日，在牧野誓师，进伐商纣。纣王的军队彻底崩溃。纣王回身逃跑，登上鹿台，于是被武王追杀。第二天，武王立于社坛前，群臣手捧明水，卫康叔封铺好彩席，师尚父牵来祭祀之牲，史佚诵读祷文，向神祇禀告讨伐罪恶商纣之事。散发商纣积聚在鹿台的钱币，发放了商纣囤积在巨桥的粮食，用以赈济贫民。培筑加高比干的坟墓，释放被囚禁的箕子。把象征天下最高权力的九鼎迁往周，修治周王朝的政务，与天下人民共同开始创造新的时代。上述诸事，多半是出于师尚父的谋议。

【原文】

于是武王已平商而王天下，封师尚父于齐营丘。东就国，道宿行迟。逆旅之人曰^①："吾闻时难得而易失。客寝甚安，殆非就国者也。"太公闻之，夜衣而行，黎明至国。莱侯来伐，与之争营丘。营丘边莱。莱人，夷也，会纣之乱而周初定，未能集远方，是以与太公争国。

【注释】

①逆旅：客舍。

【译文】

此时武王已平定商纣，称王天下，把师尚父封于齐国营丘。师尚父东去自己的封国,边行边住,走得很慢。客舍中人说:"我听说时机难以得到而容易失去。这位客人睡得如此安逸,恐怕不是去封国就任的吧。"太公听了这话,连夜穿衣赶路,黎明就到达封国。正遇上莱侯带兵来攻,想与太公争夺营丘。营丘毗邻莱国。莱人是夷族,趁商纣之乱而周朝刚刚建立,还没来得及平定远方各国,因此和太公争夺国土。

【原文】

太公至国,修政,因其俗,简其礼,通商工之业,便鱼盐之利,而人民多归齐,齐为大国。及周成王少时,管、蔡作乱,淮夷畔周,乃使召康公命太公曰:"东至海,西至河,南至穆陵,北至无棣,五侯九伯,实得征之。"齐由此得征伐,为大国。都营丘。

【译文】

太公到齐国后,修明政事,顺当地风俗,简化礼仪,开放工商之业,发展渔业盐业生产,因而人民多来归附齐国,齐成为大国。到周成王年幼即位之时,管、蔡叛乱,淮夷也背叛周朝,成王派召康公授命太公说:"东至大海,西至黄河,南至穆陵,北至无棣,此间五等诸侯,九州官长,你都可讨伐。"齐因此可以征讨各国,成为大国,定都营丘。

【原文】

太史公曰:吾适齐,自泰山属之琅邪①,北被于海②,膏壤二千里,其民阔达多匿知③,其天性也。以太公之圣,建国本,桓公之盛,修善政,以为诸侯会盟,称伯,不亦宜乎? 洋洋哉,固大国之风也!

31

【注释】

①属:连接。

②被:及,达到。

③阔达:举止大方。匿知:深沉多智。知,同"智"。

【译文】

太史公说:我到齐国,看到齐地西起泰山,东连琅邪,北至大海,其间沃土两千里,百姓心胸开阔,又深沉多智,这是他们的天性如此。靠太公的圣明,奠定了立国的根基,由于桓公的盛德,施行善政,召集诸侯会盟,成为霸主,不是顺理成章吗? 广阔宽宏啊,确是大国风貌啊!

越王勾践世家（节选）

本篇既以越王勾践名篇,故而主要记载勾践卧薪尝胆忍辱发愤报仇雪恨的事迹,附记勾践的重要谋臣范蠡遗事。前半部分记越王勾践经会稽之困被吴王赦免回国后自强不息苦志复仇之事,详细叙述了他灭强吴以雪会稽之耻、强国力而成春秋霸主的经过。后半部分专写范蠡在辅佐勾践报仇雪恨、成就霸业后的经历:他深谋远虑,知越王可共患难而不可共富贵,故而功成身退,居齐则为齐相,迁陶则成为大商贾。越王勾践卧薪尝胆的故事和范蠡乘舟浮海以行的故事都被后人铭记,前者激励人们艰苦奋斗、发愤图强,后者则启示人们在特定的情境中功成身退者与贪恋富贵者的不同遭遇。

【原文】

越王勾践,其先禹之苗裔,而夏后帝少康之庶子也。封于会稽,以奉守禹之祀。文身断发①,披草莱而邑焉②。后二十余世,至于允常。允常之时,与吴王阖庐战而相怨伐。允常卒,子勾践立,是为越王。

【注释】

①文身断发:古代吴越一带风俗,在身上刺画花纹,剪短头发。

②披:开辟。莱:野草。邑:城邑。

【译文】

　　越王勾践,祖先是夏禹后裔,是夏朝少康帝的庶子。少康帝的儿子被封在会稽,敬奉掌管着那里对夏禹的祭祀。他们身刺花纹,剪短头发,除去草丛,开辟荒野,修筑城邑。二十多代后,传到允常。允常在位时,与吴王阖庐产生怨恨而互相攻伐。允常死后,儿子勾践即位,就是越王。

【原文】

　　元年,吴王阖庐闻允常死,乃兴师伐越。越王勾践使死士挑战①,三行②,至吴陈③,呼而自刭。吴师观之,越因袭击吴师,吴师败于槜李,射伤吴王阖庐。阖庐且死,告其子夫差曰:"必毋忘越。"

【注释】

　　①死士:敢死之士。
　　②三行:排成三行。
　　③陈:通"阵"。

【译文】

　　越王勾践元年,吴王阖庐听说允常已死,就兴兵讨伐越国。越王勾践派遣敢死之士向吴军挑战,勇士们排成三行,冲到吴军阵前,大呼着自刎身亡。吴兵注目呆看,越军就趁机袭击吴军,在槜李大败吴军,射伤了吴王阖庐。阖庐在弥留之际嘱咐儿子夫差说:"一定不要忘记越国。"

【原文】

　　三年,勾践闻吴王夫差日夜勒兵,且以报越,越欲

34

先吴未发往伐之。范蠡谏曰:"不可。臣闻兵者凶器
也,战者逆德也,争者事之末也。阴谋逆德,好用凶器,
试身于所末,上帝禁之,行者不利。"越王曰:"吾已决之
矣。"遂兴师。吴王闻之,悉发精兵击越,败之夫椒。越
王乃以余兵五千人保栖于会稽①。吴王追而围之。

【注释】

①保栖:守卫居住。

【译文】

勾践三年,听说吴王夫差日夜操练士兵,要向越国复仇,便打算先发
制人,在吴未发兵前去讨伐它。范蠡进谏说:"不行。我听说兵器是凶
器,发动战争是违背道义的事,争夺是各种事情中最下等的。阴谋去做
违背道义的事,喜爱使用凶器,亲身参与下等事,是上天所不允许的,这
么做绝对没有好处。"越王说:"我已作出了决定。"于是就举兵进军吴
国。吴王听到这个消息后,动用全国精锐部队迎击越军,在夫椒大败越
军。越王只能聚拢起五千残兵败将退守会稽。吴王乘胜追击包围了
他们。

【原文】

越王谓范蠡曰:"以不听子故至于此,为之奈何?"
蠡对曰:"持满者与天①,定倾者与人②,节事者以地③。
卑辞厚礼以遗之④,不许,而身与之市⑤。"勾践曰:
"诺。"乃令大夫种行成于吴⑥,膝行顿首曰:"君王亡臣
勾践使陪臣种敢告下执事⑦:勾践请为臣,妻为妾。"吴
王将许之。子胥言于吴王曰:"天以越赐吴,勿许也。"
种还,以报勾践。勾践欲杀妻子,燔宝器,触战以死⑧。

种止勾践曰:"夫吴太宰嚭贪,可诱以利,请间行言之⑨。"于是勾践乃以美女宝器令种间献吴太宰嚭。嚭受,乃见大夫种于吴王。种顿首言曰:"愿大王赦勾践之罪,尽入其宝器。不幸不赦,勾践将尽杀其妻子,燔其宝器,悉五千人触战,必有当也⑩。"嚭因说吴王曰:"越以服为臣⑪,若将赦之,此国之利也。"吴王将许之。子胥进谏曰:"今不灭越,后必悔之。勾践贤君,种、蠡良臣,若反国⑫,将为乱。"吴王弗听,卒赦越,罢兵而归。

【注释】

①持满:保守成业。与天:天与,得到上天的保佑。

②定倾:平定危难。与人:人与之,得到人的帮助。

③以地:得到地利。

④遗:赠送。

⑤市:交易,做买卖,引申为降服。

⑥行成:求和。

⑦下执事:指侍从左右供使令之人。

⑧触战:拼死决战。

⑨间行:潜行,暗中行事。

⑩有当:有相当的代价。

⑪以:通"已"。

⑫反:通"返"。

【译文】

越王勾践对范蠡说:"由于没听您的劝告,所以才落到这个地步,这该怎么办呢?"范蠡回答说:"能够保守成业的,就能得到上天的保佑;能够转危为安的,就能得到众人的支持;能够精简节约的,就能得到地利。现在,您对吴王要低声下气,派人给吴王送去优厚的礼物,如果他不答应,您就亲自前往侍奉他,把自己也抵押给吴国。"勾践说:"好吧。"于是派大夫文种去向吴求和,文种跪在地上边向前行边叩头说:"君王的亡国臣民勾践让我冒昧地告诉您的下级办事人员:勾践请您允许他做您的奴仆,允许他的妻子做您的侍妾。"吴王将要答应文种。伍子胥对吴王说:"上天把越国赏赐给吴国,不要答应他。"文种回越国后,将情况告诉了勾践。勾践想杀死妻子儿女,焚烧宝器,亲赴疆场拼死决战。文种阻止勾践说:"吴国的太宰嚭十分贪婪,我们可以用财利诱惑他,请您允许我暗中去吴通融他。"于是勾践便让文种给太宰嚭献上美女、珠宝玉器。嚭接受后,就把大夫文种引见给吴王。文种叩头说:"希望大王能赦免勾践的罪过,我们越国将把传国的宝器全部送给您。万一不能侥幸得到赦免,勾践将把妻子儿女全部杀死,烧毁宝器,率领他的五千士兵与您决一死战,您也将付出相当的代价。"太宰嚭借机劝说吴王:"越王已降服做臣子了,如果赦免了他,将对我国有利。"吴王又要答应文种。伍子胥又进谏说:"现在不灭亡越国,必定后悔莫及。勾践是贤明的君主,大夫种、范蠡都是贤能的大臣,如果勾践能够返回越国,必将作起乱来。"吴王不听伍子胥的谏言,终于赦免了越王,撤兵回国。

【原文】

勾践之困会稽也,喟然叹曰:"吾终于此乎?"种曰:"汤系夏台[1],文王囚羑里,晋重耳奔翟[2],齐小白奔莒,其卒王霸。由是观之,何遽不为福乎?"

【注释】

①系:拘囚。

②翟:通"狄",古代北方一个民族。

【译文】

勾践被困在会稽时,曾喟然叹息说:"我就这样了结一生吗?"文种说:"商汤被拘禁在夏台,周文王被囚禁在羑里,晋国重耳逃到翟,齐国小白逃到莒,他们最终都称王称霸了。由此观之,我们今日的处境何尝不可能转为福分呢?"

【原文】

　　吴既赦越,越王勾践反国,乃苦身焦思,置胆于坐^①,坐卧即仰胆,饮食亦尝胆也。曰:"女忘会稽之耻邪?"身自耕作,夫人自织,食不加肉,衣不重采,折节下贤人^②,厚遇宾客,振贫吊死^③,与百姓同其劳。欲使范蠡治国政,蠡对曰:"兵甲之事,种不如蠡;填抚国家^④,亲附百姓,蠡不如种。"于是举国政属大夫种^⑤,而使范蠡与大夫柘稽行成,为质于吴。二岁而吴归蠡。

【注释】

　　①坐:通"座",指坐卧之处。
　　②折节:屈身谦恭。
　　③振:通"赈",救济。吊:悼问。
　　④填抚:镇定安抚。填,通"镇"。
　　⑤属:通"嘱",委托,交付。

【译文】

　　吴王赦免了越王,勾践回国后,深思熟虑,苦心经营,把苦胆挂到座位旁,坐卧即能仰头尝尝苦胆,饮食也尝尝苦胆。还说:"你忘记会稽的耻辱了吗?"他亲身耕作,夫人亲手纺织,吃饭不加肉,穿衣也从不穿两层华丽的衣服,对贤人彬彬有礼,能委曲求全,招待宾客热情诚恳,能救济穷人,悼念死者,与百姓共同劳作。越王想让范蠡执掌国政,范蠡回答说:"用兵打仗之事,文种不如我;镇定安抚国家,让百姓亲近归附,我不如文种。"勾践于是把国政委托给大夫文种,让范蠡和大夫柘稽去求和,到吴国做人质。两年后吴国才让范蠡回国。

【原文】

勾践自会稽归七年,拊循其士民①,欲用以报吴。大夫逢同谏曰:"国新流亡,今乃复殷给,缮饰备利,吴必惧,惧则难必至。且鸷鸟之击也,必匿其形。今夫吴兵加齐、晋,怨深于楚、越,名高天下,实害周室,德少而功多,必淫自矜。为越计,莫若结齐,亲楚,附晋,以厚吴。吴之志广,必轻战。是我连其权,三国伐之,越承其弊②,可克也。"勾践曰:"善。"

【注释】

①拊(fǔ)循:安抚,抚慰。
②承:通"乘"。

【译文】

勾践从会稽回国后七年,始终抚慰自己的士兵百姓,想向吴国复仇。大夫逢同进谏说:"国家刚刚流亡,今天才又殷实富裕,如果我们整顿军备,吴国一定害怕,它害怕,灾难必然降临。再说,凶猛的大鸟袭击目标时,一定先隐藏起来。现在,吴军压在齐、晋国境上,对楚、越有深仇大恨,在天下虽名声显赫,实际危害了周王室的威信,吴缺乏道德而功劳不少,一定骄横狂妄。为越国着想,不如结交齐国,亲近楚国,归附晋国,厚待吴国。吴国的野心很大,对待战争一定很轻视。这样我国可以联络三国的势力,让三国攻打吴国,越国利用它的疲惫,就可以打败它了。"勾践说:"好。"

【原文】

居二年,吴王将伐齐。子胥谏曰:"未可。臣闻勾践食不重味,与百姓同苦乐。此人不死,必为国患。吴有越,腹心之疾,齐与吴,疥癣也①。愿王释齐先越。"吴王弗听,遂伐齐,败之艾陵,虏齐高、国以归。让子胥。子胥曰:"王毋喜!"王怒,子胥欲自杀,王闻而止之。越大夫种曰:"臣观吴王政骄矣,请试尝之贷粟,以卜其事。"请贷,吴王欲与,子胥谏勿与,王遂与之,越乃私喜。子胥言曰:"王不听谏,后三年吴其墟乎!"太宰嚭闻之,乃数与子胥争越议②,因谗子胥曰:"伍员貌忠而实忍人③,其父兄不顾,安能顾王?王前欲伐齐,员强谏,已而有功,用是反怨王。王不备伍员,员必为乱。"与逢同共谋,谗之王。王始不从,乃使子胥于齐,闻其托子于鲍氏,王乃大怒,曰:"伍员果欺寡人!"役反④,使人赐子胥属镂剑以自杀⑤。子胥大笑曰:"我令而父霸,我又立若⑥,若初欲分吴国半予我,我不受,已,今若反以谗诛我。嗟乎,嗟乎,一人固不能独立!"报使者曰:"必取吾眼置吴东门,以观越兵入也!"于是吴任嚭政。

【注释】

①疥癥:即"疥癣",皮肤上的疮疥。

②数:屡次。

③忍人:残忍之人。

④役反:出使回来。

⑤属镂:剑名。

⑥若:你。

过了两年,吴王将要讨伐齐国。伍子胥进谏说:"不行。我听说勾践吃饭不上两样菜,与百姓同甘共苦。此人不死,一定成为我国的忧患。吴国有了越国,那是心腹之患,而齐对吴来说,只像一块疥癣。希望大王放弃攻齐,先伐越国。"吴王不听,就出兵攻打齐国,在艾陵大败齐军,俘虏了齐国的高氏、国氏而回。吴王责备伍子胥,伍子胥说:"大王您不要太高兴!"吴王很生气,伍子胥想要自杀,吴王听到制止了他。越国大夫文种说:"我观察吴王当政太骄横了,可以试探一下,向他借粮,来揣度一下吴王对越国的态度。"文种向吴王请求借粮。吴王想借予,伍子胥建议不借,吴王还是借给越了,越王暗中十分高兴。伍子胥说:"君王不听我的劝谏,再过三年吴国将成为一片废墟!"太宰嚭听到这话后,就多次与伍子胥争论对付越国的计策,还借机诽谤子胥说:"伍员表面忠诚,实际很残忍,他连自己的父兄都不顾惜,怎么能顾惜君王呢?君王上次想攻打齐国,伍员极力劝阻,后来您作战有功,他反而因此怨恨您。您不防备他,他一定作乱。"后来伯嚭还和逢同串通一气,在君王面前再三再四诽谤伍子胥。君王开始也不听信谗言,于是就派伍子胥出使齐国,听说伍子胥把儿子委托给鲍氏,君王才大怒,说:"伍员果真欺骗我!"伍子胥出使齐回国后,吴王就派人赐给子胥一把"属镂"剑,让他自杀。子胥大笑道:"我辅佐你的父亲称霸,又拥立你为王,你当初想与我平分吴国,我没有接受,事隔不久,今天你反而因谗言杀害我。唉,唉,你一个人绝对不能独自立国!"伍子胥告诉使者说:"一定要取出我的眼睛挂在吴国都城东门上,以便我能亲眼看到越军进入都城。"于是吴王重用伯嚭执掌国政。

【原文】

居三年,勾践召范蠡曰:"吴已杀子胥,导谀者众,可乎?"对曰:"未可。"

至明年春,吴王北会诸侯于黄池,吴国精兵从王,惟独老弱与太子留守。勾践复问范蠡,蠡曰:"可矣。"乃发习流二千人①,教士四万人②,君子六千人③,诸御千人④,伐吴。吴师败,遂杀吴太子。吴告急于王,王方会诸侯于黄池,惧天下闻之,乃秘之。吴王已盟黄池,乃使人厚礼以表成越。越自度亦未能灭吴,乃与吴平⑤。

【注释】

①发:派遣,动员。习流:善于水战的勇士,即熟练的水兵。

②教士:受过训练的士兵。

③君子:国君亲近有恩的禁卫军。

④诸御:在军中有职掌的军官。

⑤平:讲和。

【译文】

过了三年,勾践召见范蠡说:"吴王已杀死子胥,阿谀奉承的人很多,可以攻打吴国了吗?"范蠡回答说:"不行。"

到第二年春天,吴王到北部的黄池去会合诸侯,吴国的精锐部队全随吴王赴会了,只剩下老弱残兵和太子留守吴都。勾践又问范蠡是否可以进攻吴国,范蠡说:"可以了。"于是,勾践派出熟悉水战的士兵两千人,训练有素的士兵四万人,受过良好教育的地位较高的近卫军六千人,各类在职军官一千人,攻打吴国。吴军大败,越军还杀死吴国的太子。吴国使者赶快向吴王告急,吴王正在黄池会合诸侯,怕各国听到吴国惨败的消息,就坚守秘密。吴王已在黄池与诸侯订立盟约,就派人带上厚礼请求与越国求和。越王估计自己也不能灭亡吴国,就与吴国讲和了。

其后四年,越复伐吴。吴士民罢弊^①,轻锐尽死于齐、晋^②。而越大破吴,因而留围之三年,吴师败,越遂复栖吴王于姑苏之山。吴王使公孙雄肉袒膝行而前,请成越王曰:"孤臣夫差敢布腹心^③,异日尝得罪于会稽,夫差不敢逆命,得与君王成以归。今君王举玉趾而诛孤臣,孤臣惟命是听,意者亦欲如会稽之赦孤臣之罪乎?"勾践不忍,欲许之。范蠡曰:"会稽之事,天以越赐吴,吴不取。今天以吴赐越,越其可逆天乎?且夫君王早朝晏罢^④,非为吴邪?谋之二十二年,一旦而弃之,可乎?且夫天与弗取,反受其咎。'伐柯者其则不远'^⑤,君忘会稽之厄乎^⑥?"勾践曰:"吾欲听子言,吾不忍其使者。"范蠡乃鼓进兵,曰:"王已属政于执事^⑦,使者去,不者且得罪。"吴使者泣而去。勾践怜之,乃使人谓吴王曰:"吾置王甬东,君百家^⑧。"吴王谢曰:"吾老矣,不能事君王!"遂自杀。乃蔽其面,曰:"吾无面以见子胥也!"越王乃葬吴王而诛太宰嚭。

【注释】

①罢:通"疲"。

②轻锐:轻车锐卒。

③布:披露。

④晏:晚,迟。

⑤伐柯:《诗经·豳风·伐柯》中有"伐柯伐柯,其则不远"句。意思是说,用斧头去砍伐木头作斧柄,就近可以取法,因为有旧斧柄可以做样子。柯,斧柄。则:法则,道理。

⑥厄:穷困,灾难。

⑦执事:办事人员,范蠡自称。

⑧君:统治。

【译文】

这以后四年,越国再次攻打吴国。吴国军民疲惫不堪,精锐士兵都在与齐、晋之战中死亡。所以越国大败了吴军,因而包围吴都三年,吴军失败,越国就又把吴王围困在姑苏山上。吴王派公孙雄脱去上衣露出胳膊跪地前行,请求与越王讲和说:"孤立无助的臣子夫差冒昧地表露自己的心愿,以前我曾在会稽得罪您,我不敢违背您的命令,如能够与您讲和,就撤军回国了。今天您高抬玉足,前来惩罚孤臣,我对您将唯命是听,但我私下的心意是希望像在会稽山对您那样赦免我的罪过吧!"勾践不忍心,想答应吴王。范蠡说:"会稽的事,是上天把越国赐给吴国,而吴国不要。今天是上天把吴国赐给越国了,越国难道可以违背天命吗?再说君王早上朝晚罢朝,不就是因为吴国吗?谋划伐吴已二十二年了,一旦放弃,可以吗?且上天赐予您却不要,那反而要受到处罚。'用斧头砍伐木材做斧柄,斧柄的样子就在身边',您忘记会稽的苦难了吗?"勾践说:"我想听从您的建议,但我不忍心如此对待他的使者。"范蠡就鸣鼓进军,说:"君王已把政务委托给我,吴国使者赶快离去,否则将要对不起你了。"吴国使者伤心地哭着走了。勾践怜悯他,就派人对吴王说:"我安置您到甬东,统治一百户人家。"吴王推辞说:"我已老了,不能侍奉您了!"说完便自杀身亡。自尽时遮住自己的脸,说:"我没脸面见到伍子胥!"越王安葬了吴王,诛杀了太宰嚭。

【原文】

勾践已平吴,乃以兵北渡淮,与齐、晋诸侯会于徐州,致贡于周。周元王使人赐勾践胙①,命为伯。勾践

已去,渡淮南,以淮上地与楚,归吴所侵宋地于宋,与鲁
泗东方百里。当是时,越兵横行于江、淮东,诸侯毕贺,
号称霸王。

【注释】

①胙:祭祀用的肉。

【译文】

　　勾践平定了吴国后,就出兵向北渡过淮河,在徐州与齐、晋诸侯会
合,向周王室进献贡品。周元王派人赏赐祭肉给勾践,命他做诸侯的领
袖。勾践离开徐州,渡过淮河南下,把淮河流域送给楚国,把吴国侵占的
宋国土地归还给宋国,把泗水以东方圆百里的土地给了鲁国。当时,越
国的军队在长江、淮河以东畅行无阻,诸侯们都来庆贺,越王号称霸王。

【原文】

　　范蠡遂去,自齐遗大夫种书曰:"蜚鸟尽①,良弓
藏;狡兔死,走狗烹。越王为人长颈鸟喙,可与共患难,
不可与共乐。子何不去?"种见书,称病不朝。人或谗
种且作乱,越王乃赐种剑曰:"子教寡人伐吴七术,寡人
用其三而败吴,其四在子,子为我从先王试之。"种遂
自杀。

【注释】

①蜚:通"飞"。

【译文】

　　范蠡于是离开了越王,从齐国写信给大夫文种说:"飞鸟尽,良弓藏;
狡兔死,走狗烹。越王长颈鸟嘴,只可以与之共患难,不可以与之共安

乐。您为何不离去?"文种看过信后,声称有病不再上朝。有人中伤文种将要作乱,越王就赏赐给文种一把剑说:"您教给我攻伐吴国的七条计策,我只采用三条就打败了吴国,那四条还在你那里,你替我到先王面前尝试一下那四条吧!"文种于是自杀身亡。

【原文】

太史公曰:禹之功大矣,渐九川①,定九州,至于今诸夏艾安②。及苗裔勾践,苦身焦思,终灭强吴,北观兵中国,以尊周室,号称霸王。勾践可不谓贤哉!盖有禹之遗烈焉。范蠡三迁皆有荣名,名垂后世。臣主若此,欲毋显,得乎!

【注释】

①渐:疏通。
②艾安:安定。艾,通"乂(yì)"。

【译文】

太史公说:夏禹的功劳很大,疏导了九条大河,平定了九州大地,一直到今天,整个九州都平安无事。到了他的后裔勾践,辛苦劳作,深谋远思,终于灭亡了强盛的吴国,向北进军中原,尊奉周室,号称霸王。能说勾践不贤能吗!大概他还有夏禹的遗风吧。范蠡三次搬家都留下荣耀的名声,并永垂后世。臣子和君主能做到这样,想不显赫,可能吗?

陈涉世家（节选）

公元前246年，秦王政立，他继承先世功业，横扫六合，公元前221年用武力统一了天下。但秦始皇仍以武力守天下，赋税沉重，徭役繁苛，刑罚残酷，终于在二世元年，陈胜、吴广在大泽乡首先发难反秦，各地纷纷响应，陈胜、吴广虽不久即身死，但纷起响应者终于推翻了秦的统治。《陈涉世家》真实完整地记述了陈涉聚众举大事的背景、发动过程及其与秦王朝的决死斗争，也叙述了陈涉兵败身死的原因。作者还引用贾谊的《过秦论》议论了秦以区区之地并吞天下以及由一人发难而失天下的原因，并借此对陈涉的首先发难给予了极高评价。而在《太史公自序》中，司马迁更将陈涉与汤、武、孔子这些古代的大圣人相提而论，极力推崇："桀、纣失其道而汤、武作，周失其道而《春秋》作，秦失其政而陈涉发迹。"

【原文】

陈胜者，阳城人也，字涉。吴广者，阳夏人也，字叔。

陈涉少时，尝与人佣耕，辍耕之垄上，怅恨久之①，曰："苟富贵，无相忘②。"庸者笑而应曰③："若为庸耕，何富贵也？"陈涉太息曰："嗟乎，燕雀安知鸿鹄之志哉！"

【注释】

①怅:失意,失望。恨:恼恨,烦恼。

②无:通"毋",不要。

③庸:通"佣",受雇佣。

【译文】

陈胜,阳城人,字涉。吴广,阳夏人,字叔。

陈涉年轻时,曾和别人一起受雇给人耕田。一次他停止耕作走到田埂上休息时,感慨恼恨了好久,说:"假如有谁富贵了,不要忘记大家。"和他一起受雇佣的伙伴们笑着回答说:"你是被雇给人家耕田的,怎能富贵呢?"陈涉叹息说:"唉,燕子、麻雀怎能理解大雁、天鹅的远大志向呢!"

【原文】

二世元年七月,发闾左適戍渔阳①,九百人屯大泽乡。陈胜、吴广皆次当行②,为屯长。会天大雨,道不通,度已失期。失期,法皆斩。陈胜、吴广乃谋曰:"今亡亦死,举大计亦死,等死③,死国可乎④?"陈胜曰:"天下苦秦久矣。吾闻二世,少子也,不当立,当立者乃公子扶苏。扶苏以数谏故,上使外将兵。今或闻无罪,二世杀之。百姓多闻其贤,未知其死也。项燕为楚将,数有功,爱士卒,楚人怜之⑤。或以为死,或以为亡。今诚以吾众诈自称公子扶苏、项燕⑥,为天下唱⑦,宜多应者。"吴广以为然,乃行卜。卜者知其指意⑧,曰:"足下事皆成,有功。然足下卜之鬼乎!"陈胜、吴广喜,念鬼,曰:"此教我先威众耳。"乃丹书帛曰"陈胜王",置人所

48

罾鱼腹中⑨。卒买鱼烹食,得鱼腹中书,固以怪之矣⑩。又间令吴广之次所旁丛祠中⑪,夜篝火⑫,狐鸣呼曰"大楚兴,陈胜王"。卒皆夜惊恐。旦日,卒中往往语,皆指目陈胜。

【注释】

①闾左:住在闾巷左侧的居民。闾,里巷大门。適(zhé):通"谪",因有罪被发遣到边远之地守卫。

②次:编次,列入。

③等死:同样是死。

④死国:为国死,指为国事而死。

⑤怜:敬爱,爱戴。

⑥诚:果真,如果。

⑦唱:同"倡",倡导,号召。

⑧指意:心意,意图。

⑨罾(zēng):用渔网捕捞,捕捉。

⑩以:同"已",已经。

⑪次所:行军时临时屯驻的地方。丛祠:荒庙,树木隐蔽的神庙。

⑫篝火:在竹笼里点着火。

【译文】

秦二世元年七月,征调居住在里巷左侧的居民去戍守渔阳,有九百人停驻在大泽乡。陈胜、吴广都编入这次征发的行列之中,做了屯长。不巧赶上天下大雨,道路不通,他们估计已误了到达渔阳的限期。过了限期,按照法令都要被杀头。陈胜、吴广就商谋说:"如今逃跑也是死,起义干一番大事也是死,同样都是死,为国事而死怎么样?"陈胜说:"天下怨恨秦的统治已很久了。我听说二世是始皇帝的小儿子,不应当立他为皇帝,应该继位的是公子扶苏。扶苏因为屡次规劝皇上,皇上派他在外领兵。如今有人听说他并没有什么罪,却被二世杀害了。百姓大多听说他很贤德,而不知道他已死。项燕原是楚国的将军,多次立功,爱护士卒,楚国人都很爱戴他。有人以为他已死,有人以为他逃亡在外。现在如果以我们这些人假托公子扶苏和项燕的名义,向天下发出起义的号召,应该会有很多人响应。"吴广认为很对。于是就去占卜吉凶,占卜的人知道他们的意图,说道:"你们的事都能成,能够建功立业。然而你们向鬼神问过吉凶了吗?"陈胜、吴广很高兴,寻思占卜人所说向鬼神问吉凶的意思,说:"这是教我们先在众人中树立威望。"于是就用朱砂在一块丝帛上写了"陈胜王"几个字,塞进别人捕来的鱼的肚子里。戍卒买鱼回来煮着吃,发现了鱼肚中的帛书,对这事已是觉得很奇怪了。陈胜又暗中派吴广到屯驻地附近一座草木丛生的神庙里,在夜里举火,并模仿狐狸的声音叫喊道"大楚兴,陈胜王"。戍卒们在深更半夜听到后,都非常惊恐。第二天早晨,戍卒中到处议论,都指点着偷视陈胜。

【原文】

吴广素爱人,士卒多为用者。将尉醉,广故数言欲亡,忿恚尉①,令辱之,以激怒其众。尉果笞广。尉剑挺,广起,夺而杀尉。陈胜佐之,并杀两尉。召令徒属曰:"公等遇雨,皆已失期,失期当斩。藉弟令毋斩②,而戍死者固十六七。且壮士不死即已,死即举大名耳,王侯将相宁有种乎!"徒属皆曰:"敬受命。"乃诈称公子扶苏、项燕,从民欲也。袒右,称大楚。为坛而盟,祭以尉首。陈胜自立为将军,吴广为都尉。攻大泽乡,收而攻蕲。蕲下,乃令符离人葛婴将兵徇蕲以东③,攻铚、酂、苦、柘、谯,皆下之。行收兵,比至陈,车六七百乘,骑千余,卒数万人。攻陈,陈守令皆不在,独守丞与战谯门中④。弗胜,守丞死,乃入据陈。数日,号令召三老、豪杰与皆来会计事⑤。三老、豪杰皆曰:"将军身被坚执锐⑥,伐无道,诛暴秦,复立楚国之社稷,功宜为王。"陈涉乃立为王,号为张楚。

【注释】

①忿恚(huì):恼怒,这里用为使动,使恼怒、激怒。

②藉弟令:假使,即使。

③徇(xùn):夺取,占领。

④谯(qiáo):城门上的瞭望楼。

⑤会:集会。计事:议事。

⑥被:同"披"。

【译文】

吴广一向关心别人,士卒中很多人愿为他效劳。押送戍卒的县尉喝醉了酒,吴广故意多次扬言要逃跑,以激怒县尉,惹他侮辱自己,借以激怒众人。那县尉果然鞭打吴广。县尉佩剑脱出,吴广奋起夺剑杀死了县尉。陈胜帮助他,合力杀死了两个县尉。随即召集同往服役的人说:"各位在这里遇上大雨,都误了期限,误期按规定要杀头。即使不被杀头,但将来戍边死去的肯定也得十之六七。再说大丈夫不死便罢,要死就要扬大名,王侯将相难道都是世代相传下来的吗!"大家都说:"情愿听凭差遣。"于是就假托公子扶苏和项燕的名义起义,以顺应民众的愿望。大家都露出右臂作为标记,号称大楚。他们又筑起高台设誓,并用县尉的头作祭品。陈胜自立为将军,吴广为都尉。首先进攻大泽乡,攻克后又攻打蕲县。蕲县攻克后,就派符离人葛婴率兵攻取蕲县以东的地方,一连进攻铚、酂、苦、柘、谯,都攻下了。他们一面进军,一面不断补充兵员扩大队伍,等行进到陈县时,已拥有兵车六七百辆,骑兵一千多,步卒几万人。攻打陈县时,那里的郡守、县令都不在,只有留守的郡丞领兵与他们在城门下作战。结果郡丞兵败身死,于是起义军就进入城中占领陈县。过了几天,陈胜下令召集掌管教化的三老和有名望有势力的地方豪杰都来开会议事。三老、豪杰都说:"将军您身披铠甲,手执锐器,讨伐无道昏君,诛灭暴虐的秦朝,重新建立楚国社稷,论功劳应该称王。"陈涉于是就自立为王,国号为张楚。

【原文】

当此时,诸郡县苦秦吏者,皆刑其长吏,杀之以应陈涉。乃以吴叔为假王^①,监诸将以西击荥阳。令陈人武臣、张耳、陈馀徇赵地,令汝阴人邓宗徇九江郡。当此时,楚兵数千人为聚者不可胜数。

【注释】

①假:代理的。

【译文】

这时,各个郡县怨恨秦朝官吏暴政的人,都拘捕他们的官吏,杀掉他们来响应陈涉。于是就以吴广为代理王,督率各路将领向西进攻荥阳。命陈县人武臣、张耳、陈馀攻占原赵国辖地,命汝阴人邓宗攻占九江郡。这时,楚地数千人聚集起义的,多得不计其数。

萧相国世家

　　萧何是刘邦的重要谋臣,在辅佐刘邦打天下、安天下的过程中,建立了卓越功勋。本篇就是围绕萧何与刘邦的君臣际遇这一中心,主要写了萧何在辅佐刘邦灭秦、灭项羽中所建立的种种功勋,在刘邦封赏功臣时所受的分外恩宠,他在刘邦称帝后随着地位日隆,君臣之间出现的微妙关系,以及他恭谨行事以谋求自保的艰难境况等。本篇所展现的只是萧何的一生和他性格的一些侧面,他为吕后设计诛淮阴侯韩信在文中只是一语带过,韩信的"成也萧何,败也萧何"充分暴露了萧何的自私性格,则在《淮阴侯列传》中有详细的记述。但在篇末的论赞中作者也对萧何所扮演的这一角色表示了微讽,有淮阴侯和黥布被诛杀的衬托,萧何的位冠群臣、声施后世显得更加灿烂,可淮阴侯和黥布的被诛杀也都有他的功劳,讽刺之意已显而易见。

【原文】

　　萧相国何者,沛丰人也。以文无害为沛主吏掾。

　　高祖为布衣时,何数以吏事护高祖。高祖为亭长,常左右之[①]。高祖以吏繇咸阳[②],吏皆送奉钱三,何独以五。

　　秦御史监郡者与从事,常辨之[③]。何乃给泗水卒史事,第一。秦御史欲入言征何,何固请④,得毋行。

【注释】

①左右:佐助。

②繇:通"徭",劳役,这里指服劳役。

③辨:清楚,明白,这里用作动词。

④请:辞谢。

【译文】

萧相国萧何,沛县丰邑人。他因写文书周密无疵病而做沛县的主吏掾。

高祖高邦还是平民时,萧何多次在他触犯科条时袒护他。刘邦做亭长,萧何常佐助他。刘邦以小吏的身份率县民到咸阳服役,官吏们都奉送他三百钱,唯独萧何送他五百钱。

秦御史到泗水郡监察时,与萧何打过交道,常说他办事精明。萧何于是做了泗水郡卒史,其才干名列第一。秦御史打算入朝进言征调萧何,萧何一再辞谢,才没被调走。

【原文】

及高祖起为沛公,何常为丞督事。沛公至咸阳,诸将皆争走金帛财物之府分之,何独先入收秦丞相御史律令图书藏之。沛公为汉王,以何为丞相。项王与诸侯屠烧咸阳而去。汉王所以具知天下阨塞①,户口多少,强弱之处,民所疾苦者,以何具得秦图书也。何进言韩信,汉王以信为大将军。语在淮阴侯事中。

【注释】

①阨塞:险要之地。

【译文】

　　等高祖起事做了沛公，萧何常以县丞的身份协助他督办各种事务。沛公到了咸阳，诸将都争先奔向府库，分取金帛财物，唯独萧何首先进入宫室收取秦丞相及御史掌管的律令图书，并珍藏起来。沛公做了汉王，任命萧何为丞相。项羽和诸侯屠戮焚烧咸阳后就离去了。汉王之所以能够详尽地了解天下的险关要塞，户口的多少，各地诸方面的强弱，百姓的疾苦等，就是因为萧何完备地得到了秦律令图书。萧何向汉王推荐韩信，汉王任命韩信为大将军。此事记在《淮阴侯列传》中。

【原文】

　　汉王引兵东定三秦，何以丞相留收巴蜀，填抚谕告①，使给军食。汉二年，汉王与诸侯击楚，何守关中，侍太子，治栎阳。为法令约束②，立宗庙社稷宫室县邑，辄奏上，可，许以从事；即不及奏上，辄以便宜施行③，上来以闻。关中事：计户口转漕给军④，汉王数失军遁去，何常兴关中卒，辄补缺。上以此专属任何关中事⑤。

【注释】

①填：通"镇"，安抚，安定。

②约束：规章，法度。

③便(biàn)宜：酌情处理。

④转漕：运送粮食。古时车运为"转"，水运为"漕"。

⑤属：通"嘱"，嘱托，委托。

【译文】

　　汉王领兵东进，平定三秦，萧何以丞相的身份留守治理巴蜀，安抚百姓，发布政令，供给军队粮草。汉二年，汉王与各路诸侯攻打楚军，萧何守卫关中,侍奉太子,治理栎阳。制定法令、规章,建立宗庙、社稷、宫室、县邑,萧何行事总是禀报汉王,汉王同意,才施行这些政事;如果来不及禀报汉王,有些事就酌情处理,等汉王回来再向他禀报。萧何在关中管理户籍人口,征集粮草运送给前方军队,汉王多次弃军败逃而去,萧何常征发关中士卒,补充士兵的缺额。汉王因此将关中政事全部委托萧何处理。

【原文】

汉三年,汉王与项羽相距京、索之间,上数使使劳苦丞相[1]。鲍生谓丞相曰:"王暴衣露盖,数使使劳苦君者,有疑君心也。为君计,莫若遣君子孙昆弟能胜兵者悉诣军所[2],上必益信君。"于是何从其计,汉王大说[3]。

【注释】

①劳苦:慰劳。
②诣(yì):到某地去,前往。
③说:通"悦",高兴。

【译文】

汉三年,汉王与项羽对峙于京县、索城之间,汉王多次派遣使者慰劳丞相萧何。有个叫鲍生的人对丞相说:"汉王在前线风餐露宿,却多次派使者来慰劳您,这是有怀疑您的心意。为您着想,不如派遣您的子孙兄弟中能打仗的人都到军营中效力,汉王必定更信任您。"于是萧何听从了他的计谋,汉王非常高兴。

　　汉五年,既杀项羽,定天下,论功行封。群臣争功,
岁余功不决。高祖以萧何功最盛,封为酂侯,所食邑
多。功臣皆曰:"臣等身被坚执锐①,多者百余战,少者
数十合,攻城略地,大小各有差。今萧何未尝有汗马之
劳,徒持文墨议论,不战,顾反居臣等上,何也?"高帝
曰:"诸君知猎乎?"曰:"知之。""知猎狗乎?"曰:"知
之。"高帝曰:"夫猎,追杀兽兔者狗也,而发踪指示兽
处者人也。今诸君徒能得走兽耳,功狗也。至如萧
何,发踪指示,功人也。且诸君独以身随我,多者两三
人。今萧何举宗数十人皆随我,功不可忘也。"群臣皆
莫敢言。

【注释】

　　①被:通"披"。

【译文】

　　汉五年,已消灭项羽,平定天下,于是论功行赏。群臣争功,一年多
了,功劳大小也没能决定下来。高祖认为萧何功劳最显赫,封他为酂侯,
给予的食邑最多。功臣们都说:"臣等身披战甲,手执利器,多的身经百
战,少的交锋数十回合,攻占城池,夺取土地,都立下大小不等的战功。
如今萧何未尝有汗马功劳,只是舞文弄墨,发发议论,不参加战斗,封赏
倒反在臣等之上,这是为什么呢?"高帝说:"诸位懂得打猎吗?"群臣回
答说:"懂得。"高帝又问:"知道猎狗吗?"群臣说:"知道。"高帝说:"打猎
时,追咬野兽的是猎狗,但发现野兽踪迹,指出野兽所在地方的是猎人。
而今大家仅能捉到奔跑的野兽罢了,有猎狗一样的功劳。至于像萧何,
发现野兽踪迹,指明猎取目标,功劳如同猎人。再说诸位只是个人追随

我,多的不过一家两三个人。而萧何让自己本族里的数十人都来跟随我,功劳是不能忘记的。"群臣都不敢再言语了。

【原文】

列侯毕已受封,及奏位次,皆曰:"平阳侯曹参身被七十创,攻城略地,功最多,宜第一。"上已桡功臣^①,多封萧何,至位次未有以复难之,然心欲何第一。关内侯鄂君进曰:"群臣议皆误。夫曹参虽有野战略地之功,此特一时之事。夫上与楚相距五岁^②,常失军亡众,逃身遁者数矣。然萧何常从关中遣军补其处,非上所诏令召,而数万众会上之乏绝者数矣。夫汉与楚相守荥阳数年,军无见粮^③,萧何转漕关中,给食不乏。陛下虽数亡山东^④,萧何常全关中以待陛下,此万世之功也。今虽亡曹参等百数,何缺于汉?汉得之不必待以全,奈何欲以一旦之功而加万世之功哉!萧何第一,曹参次之。"高祖曰:"善。"于是乃令萧何第一,赐带剑履上殿,入朝不趋^⑤。

【注释】

①桡:通"挠",弯曲,这里指委屈。
②距:通"拒",抵御,抵抗。
③见:通"现"。
④亡:丢失,失去。
⑤趋:小步快走。这是古人在君长面前走路时表示恭敬的姿势。

【译文】

列侯均已受封赏,等向高祖进言评定位次时,群臣都说:"平阳侯曹参身受七十处创伤,攻城夺地,功劳最多,应排在第一。"高祖已委屈了功臣,较多地赏封了萧何,到评定位次时就无法再反驳大家,但心里还是想把萧何排在第一。关内侯鄂千秋进言说:"各位大臣的主张是不对的。曹参虽有转战各处、夺取土地的功劳,但这不过是一时的事。大王与楚军相持五年,常失掉军队,士卒逃散,只身逃走有数次。然而萧何常从关中派遣军队补充前线,这些都不是大王下令让他做的,当皇上兵乏粮绝的时刻,萧何的数万士卒正好送到,这已有多次了。汉军与楚军在荥阳对垒数年,军中没有现用的口粮,萧何从关中用车船运来粮食,军粮供应从不匮乏。陛下虽多次失掉崤山以东的地区,但萧何一直保全关中等待陛下,这是万世的功勋啊。如今即使没有上百个曹参这样的人,对汉室又有什么损失?汉室得到这些人也不一定非得靠着他们才得以保全。怎么能让一时的功劳凌驾在万世功勋之上呢!应该是萧何排第一,曹参居次。"高祖说:"好。"于是便诏令萧何为第一,特恩许他带剑穿鞋上殿,上朝时可以不必小步快走。

【原文】

上曰:"吾闻进贤受上赏。萧何功虽高,得鄂君乃益明。"于是因鄂君故所食关内侯邑封为安平侯。是日,悉封何父子兄弟十余人,皆有食邑。乃益封何二千户,以帝尝繇咸阳时"何送我独赢奉钱二"也[1]。

【注释】

[1]赢奉:多给。

【译文】

高祖说:"我听说推荐贤才要受上等封赏。萧何的功劳虽很高,经鄂君的表彰就更显赫了。"于是在鄂君原来受封的关内侯食邑的基础上,加封为安平侯。当日,萧何父子兄弟十多人都封有食邑。后又加封萧何两千户,这是因为高祖过去到咸阳服役时,萧何多送给自己二百钱。

汉十一年,陈豨反,高祖自将,至邯郸。未罢,淮阴侯谋反关中,吕后用萧何计,诛淮阴侯,语在淮阴事中。上已闻淮阴侯诛,使使拜丞相何为相国,益封五千户,令卒五百人、一都尉为相国卫。诸君皆贺,召平独吊。召平者,故秦东陵侯。秦破,为布衣,贫,种瓜于长安城东,瓜美,故世俗谓之"东陵瓜",从召平以为名也。召平谓相国曰:"祸自此始矣。上暴露于外而君守于中,非被矢石之事而益君封置卫者^①,以今者淮阴侯新反于中,疑君心矣。夫置卫卫君,非以宠君也。愿君让封勿受,悉以家私财佐军,则上心说。"相国从其计,高帝乃大喜。

【注释】

①矢石之事:此指战事之险。矢石,箭头与飞石。

【译文】

汉十一年,陈豨反叛,高祖亲自统兵到了邯郸。平叛尚未结束,淮阴侯韩信又在关中谋反,吕后采用萧何的计策,杀了淮阴侯,此事记在《淮阴侯列传》中。高祖已听说淮阴侯被杀,派遣使者拜丞相萧何为相国,加封五千户,并令五百名士卒、一名都尉做相国的侍卫。为此许多人都来祝贺,唯独召平慰其不幸。召平原是秦朝时的东陵侯。秦亡后,他沦为平民,家中贫穷,在长安城东种瓜,他种的瓜味道甜美,所以人们称它为"东陵瓜",这是根据召平的封号来命名的。召平对相国萧何说:"祸患从此开始了。皇上风吹日晒统军在外,而您留守朝中,未遭战事之险,反而增加您的封邑并设置卫队,这是因为如今淮阴侯刚在京城谋反,对您的内心有所怀疑。设置卫队保护您,并非以此宠信您。希望您辞让封赏不受,把家产、资财全都捐助军队,那么皇上心里就会高兴。"萧相国听从了他的计谋,高帝果然非常高兴。

【原文】

汉十二年秋,黥布反,上自将击之,数使使问相国何为。相国为上在军,乃拊循勉力百姓[①],悉以所有佐军,如陈豨时。客有说相国曰:"君灭族不久矣。夫君位为相国,功第一,可复加哉?然君初入关中,得百姓心,十余年矣,皆附君,常复孳孳得民和[②]。上所为数问君者,畏君倾动关中。今君胡不多买田地,贱赁贷以自污[③]?上心乃安。"于是相国从其计,上乃大说。

【注释】

①拊(fǔ)循勉力:安抚勉励。勉力,同"勉励"。

②孳(zī)孳:勤勉努力的样子。

③赁(shì):赊欠,赊买。

【译文】

汉十二年秋,黥布反叛,高祖亲自率军征讨他,多次派使者询问萧相国在做什么。萧相国因为皇上在军中,就在后方安抚勉励百姓,把自己的家财全都捐助军队,和讨伐陈豨时一样。有门客劝告萧相国说:"您灭族的日子不远了。您位居相国,功劳数第一,还能够再加功吗?然而您当初进入关中就深得民心,至今十多年了,民众都亲附您,您还是这么勤勉做事,与百姓关系和谐,受到爱戴。皇上之所以屡次询问您,是害怕您震撼关中。如今您何不多买田地,采取低利息赊借等手段来败坏自己的声誉? 这样,皇上才会心安。"于是萧相国听从了他的计谋,高祖才非常高兴。

【原文】

上罢布军归,民道遮行上书①,言相国贱强买民田宅数千万。上至,相国谒。上笑曰:"夫相国乃利民②!"民所上书皆以与相国,曰:"君自谢民③。"相国因为民请曰:"长安地狭,上林中多空地,弃,愿令民得入田,毋收稿为禽兽食④。"上大怒曰:"相国多受贾人财物,乃为请吾苑。"乃下相国廷尉,械系之⑤。数日,王卫尉侍,前问曰:"相国何大罪,陛下系之暴也?"上曰:"吾闻李斯相秦皇帝,有善归主,有恶自与。今相国多受贾竖金而为民请吾苑,以自媚于民,故系治之。"王卫尉曰:"夫职事苟有便于民而请之,真宰相事,陛下奈何乃疑相国受贾人钱乎! 且陛下距楚数岁,陈豨、黥布反,陛下自将而往,当是时,相国守关中,摇足则关以西非陛下有也⑥。相国不以此时为利,今乃利贾人之金乎? 且秦以不闻其过亡天下,李斯之分过,又何足法哉。陛下何疑宰相之浅也。"高帝不怿⑦。是日,使使持节赦出相国。相国年老,素恭谨,入,徒跣谢⑧。高帝曰:"相国休矣! 相国为民请苑,吾不许,我不过为桀、纣主,而相国为贤相。吾故系相国,欲令百姓闻吾过也。"

【注释】

①遮:阻拦。

②相国乃利民:身为相国竟然如此"利民"。这是高祖说的反语。乃,竟然。

③谢:谢罪,请罪。

④稿:禾秆。

⑤械系:用枷锁等刑具拘禁。

⑥摇足:顿足,跺脚,此处比喻办事容易。

⑦怿(yì):喜悦,高兴。

⑧徒跣(xiǎn):赤脚步行,是一种请罪的表示。

【译文】

高祖征讨黥布军回来,百姓拦路上书,说相国低价强买百姓田地房屋数千万。高祖回到京城,相国拜见。高祖笑着说:"你这个相国竟然这样'利民'!"高祖把百姓的上书都交给相国,说:"你自己向百姓谢罪吧。"相国趁此机会为百姓请求说:"长安一带土地狭窄,上林苑中有很多空地,已废弃荒芜,希望让百姓们进去耕种,禾秆不许收走,留下作为禽兽的饲料。"高祖大怒说:"相国你大量接受商人的财物,然后就为他们请求占用我的上林苑!"于是就把相国交给廷尉,用枷锁拘禁了他。几天后,一个姓王的卫尉侍奉高祖时,上前问道:"相国犯了什么大罪,陛下突然拘禁他?"高祖说:"我听说李斯辅佐秦始皇时,有了功业归于主上,出了差错自己承担。如今相国大量收受奸商钱财而为百姓请求占用我的上林苑,以此向百姓讨好,所以把他拘禁起来治罪。"王卫尉说:"在自己的职责内,如果有利于百姓而为他们请求,这确是宰相分内的事,陛下怎么怀疑相国收受商人钱财呢!况且陛下抗拒楚军数年,陈豨、黥布反叛时,陛下又亲自带兵前往平叛,当时相国留守关中,他只跺一跺脚,那么函谷关以西的土地就不归陛下所有了。相国不趁此时机为己谋利,如今却贪图商人的钱财吗?再说秦正因为听不到自己的过错而失去天下,李斯分担过错,又哪里值得效法呢?陛下为什么怀疑宰相到如此浅薄的地步。"高祖听后很不高兴。当日,高祖派人持节赦免释放了相国。相国上了年纪,一向谦恭谨慎,入见高祖,赤脚步行谢罪。高祖说:"相国别这个样子啦! 相国为百姓请求上林苑,我不答应,我不过是桀、纣那样的君主,而你则是个贤相。我之所以把你用枷锁拘禁起来,是想让百姓们知道我的过错。"

【原文】

　　何素不与曹参相能①,及何病,孝惠自临视相国病,因问曰:"君即百岁后,谁可代君者?"对曰:"知臣莫如主。"孝惠曰:"曹参何如?"何顿首曰:"帝得之矣! 臣死不恨矣②!"

　　何置田宅必居穷处,为家不治垣屋③。曰:"后世贤,师吾俭;不贤,毋为势家所夺。"

　　孝惠二年,相国何卒,谥为文终侯。

　　后嗣以罪失侯者四世,绝,天子辄复求何后,封续鄼侯,功臣莫得比焉。

【注释】

①能:和睦。

②恨:遗憾。

③垣屋:有矮墙的房舍。

【译文】

　　萧何一向跟曹参不和睦,到萧何病重时,孝惠皇帝亲自去探视相国病情,趁便问道:"您如果故去了,谁可以接替您呢?"萧何回答说:"了解臣下的莫过于君主了。"孝惠帝说:"曹参怎么样?"萧何叩头说:"陛下得到合适人选了! 我死也不遗憾了!"

　　萧何购置田地住宅必定处在破败偏僻的地方,建造家园不修筑有围墙的宅第。他说:"我的后代贤能,就学习我的俭朴;后代不贤能,可以不被有权势的人家所夺取。"

孝惠二年,相国萧何死,谥号为文终侯。

萧何后代因犯罪而失去侯爵封号的有四世,每次断绝了继承人时,天子总是再寻求萧何的后代,续封为酂侯,功臣中没有谁能跟萧何这种情况相比。

【原文】

太史公曰:萧相国何于秦时为刀笔吏,碌碌未有奇节①。及汉兴,依日月之末光②,何谨守管籥③,因民之疾秦法,顺流与之更始。淮阴、黥布等皆以诛灭,而何之勋烂焉。位冠群臣,声施后世④,与闳夭、散宜生等争烈矣⑤。

【注释】

①碌碌:平庸的样子。

②日月:喻指帝王。

③管籥(yuè):钥匙,这里喻指职责。籥,通"钥"。

④施(yì):延续。

⑤烈:伟业,功业。

【译文】

太史公说:相国萧何在秦时仅是个文职小官吏,平平常常,没有什么惊人的作为。等到汉室兴盛,仰仗帝王的余光,萧何谨守职责,根据百姓痛恨秦朝苛法这一情况,顺应潮流,为他们除旧更新。韩信、黥布等都因他而被诛灭,萧何的功勋更显得灿烂。他的地位为群臣之冠,声望延及后世,能够跟闳夭、散宜生等人争辉比美了。

管晏列传

  本篇乃春秋时期齐国名相管仲、晏婴二人的合传。管仲相齐四十余年,辅佐齐桓公一匡天下,成就一代霸主伟业;晏婴仕齐灵公、庄公、景公三世,使齐中兴,显名于诸侯。此二人虽相隔百余年,但皆为齐国一代名相,又都为齐国作出了卓越的贡献,故合传为一。由于二人事迹已见于卷三十二《齐太公世家》,故本传只论其轶事。记管仲受知于鲍叔,颂二人之间感人至深的友谊;叙晏婴释越石父之囚、延之为上客及荐车夫为大夫等礼贤、荐贤事,借以突出荐贤知人的主题,并凝聚着作者对个人身世的无限感慨。

【原文】

  管仲夷吾者,颍上人也。少时常与鲍叔牙游,鲍叔知其贤。管仲贫困,常欺鲍叔[1],鲍叔终善遇之,不以为言。已而鲍叔事齐公子小白,管仲事公子纠。及小白立为桓公,公子纠死,管仲囚焉。鲍叔遂进管仲。

  管仲既用,任政于齐,齐桓公以霸,九合诸侯[2],一匡天下,管仲之谋也。

【注释】

  ①欺:占便宜。

  ②合:会盟。

【译文】

管仲,名夷吾,颍上人。他年轻时,常与鲍叔牙交往,鲍叔牙知道他贤明。管仲家贫,经常占鲍叔的便宜,但鲍叔始终对他很好,不因为这些事而有什么怨言。不久,鲍叔侍奉齐国公子小白,管仲侍奉公子纠。等到公子小白被立为齐桓公后,桓公让鲁国杀了公子纠,管仲被囚禁。于是鲍叔向齐桓公推荐管仲。

管仲被任用以后,在齐国执政,桓公凭借着管仲而称霸,并以霸主的身份,多次会合诸侯,使天下归正于一,这都是管仲的智谋。

【原文】

管仲曰:"吾始困时,尝与鲍叔贾①,分财利多自与,鲍叔不以我为贪,知我贫也。吾尝为鲍叔谋事而更穷困,鲍叔不以我为愚,知时有利不利也。吾尝三仕三见逐于君,鲍叔不以我为不肖,知我不遭时也。吾尝三战三走,鲍叔不以我为怯,知我有老母也。公子纠败,召忽死之②,吾幽囚受辱,鲍叔不以我为无耻,知我不羞小节而耻功名不显于天下也。生我者父母,知我者鲍子也。"

【注释】

①尝:曾经。贾:经商。
②死之:为之而死。

【译文】

管仲说:"我当初贫困时,曾和鲍叔一起做生意,分财利时自己总是多要一些,鲍叔并不认为我贪财,他知道我家里贫穷。我曾替鲍叔谋划事情,反而使他更加困顿不堪,陷于窘境,鲍叔不认为我愚笨,他知道时运有时顺利,有时不顺利。我曾多次做官却多次被国君驱逐,鲍叔不认为我不成器,他知道我是没遇上好时机。我曾多次打仗多次逃跑,鲍叔不认为我胆小,他知道我家中有老母需要赡养。公子纠失败,召忽为之殉难,我被囚禁遭受屈辱,鲍叔不认为我没有廉耻,他知道我不因小的过失而感到羞愧,却以功名不显扬于天下而感到耻辱。生养我的是父母,而真正了解我的是鲍叔啊。”

【原文】

鲍叔既进管仲,以身下之。子孙世禄于齐①,有封邑者十余世,常为名大夫。天下不多②管仲之贤而多鲍叔能知人也。

管仲既任政相齐,以区区之齐在海滨,通货积财,富国强兵,与俗同好恶。故其称曰:“仓廪实而知礼节,衣食足而知荣辱,上服度则六亲固③。四维不张④,国乃灭亡。下令如流水之原⑤,令顺民心。”故论卑而易行⑥。俗之所欲,因而予之;俗之所否,因而去之。

【注释】

①世禄:世代享受俸禄。
②多:称道,赞美。
③上:居上位者。服:行,施行。度:制度。固:安固,稳固。
④四维:指礼、义、廉、耻。维,纲,引申为纲要,原则。
⑤原:水源,源头。
⑥论卑:指政令平易,符合下情。

【译文】

鲍叔推荐管仲后,情愿把自己置于管仲之下。他的子孙世世代代在齐国享有俸禄,得到封地的有十几代,多数是著名的大夫。因此,天下的人不称赞管仲的才干,反而称赞鲍叔能识别人才。

管仲做齐相执政以后,凭借着小小的齐国在海滨的条件,流通货物,积聚财富,使得国富兵强,与百姓同好恶。所以,他在《管子》一书中称述说:"仓库储备充实了,百姓才懂得礼节;衣食丰足了,百姓才能分辨荣辱;国君的作为合乎法度,'六亲'才会得以稳固。不提倡礼义廉耻,国家就会灭亡。国家下达政令就像流水的源头,顺着百姓的心意流下。"所以政令符合下情就容易施行。百姓想要得到的,就给他们;百姓所反对的,就替他们废除。

【原文】

其为政也,善因祸而为福,转败而为功。贵轻重①,慎权衡②。桓公实怒少姬,南袭蔡,管仲因而伐楚,责包茅不入贡于周室。桓公实北征山戎,而管仲因而令燕修召公之政。于柯之会,桓公欲背曹沫之约,管仲因而信之,诸侯由是归齐。故曰:"知与之为取③,政之宝也。"

管仲富拟于公室,有三归、反坫,齐人不以为侈。管仲卒,齐国遵其政,常强于诸侯。后百余年而有晏子焉。

【注释】

①轻重:指物价高低。
②权衡:量物之器,这里指对度量衡的监督。
③与:给予。

【译文】

管仲执政时,善于把祸患化为福份,将失败转化为成功。他重视分别事物的轻重缓急,慎重地权衡事情的利弊得失。齐桓公实际上是怨恨少姬改嫁而向南袭击蔡国,管仲就寻找借口攻打楚国,责备它没有向周王室进贡菁茅。桓公实际上是向北出兵攻打山戎,而管仲就趁机让燕国整顿召公时期的政教。在柯地会盟,桓公想背弃曹沫逼迫他订立的盟约,管仲就顺应形势劝他信守盟约,各国都因此归顺齐国。所以说:"懂得给予正是为了取得的道理,这是治国的法宝。"

管仲的富贵可以与国君相比拟,拥有三归、反坫,齐国人却不认为他奢侈僭越。管仲死后,齐国仍遵循他的政策,常常比其他诸侯国强大。此后过了百余年,齐国又出了个晏婴。

【原文】

晏平仲婴者,莱之夷维人也。事齐灵公、庄公、景公,以节俭力行重于齐。既相齐,食不重肉,妾不衣帛。其在朝,君语及之,即危言[①];语不及之,即危行。国有道,即顺命;无道,即衡命[②]。以此三世显名于诸侯。

【注释】

①危:高耸,引申为正直。

②衡命:斟酌命令的情况去做。

【译文】

晏平仲,名婴,是齐国莱地夷维人。他辅佐了齐灵公、庄公、景公三代国君,由于节约俭朴,在齐国受到人们的尊重。他做了齐国宰相,吃饭不吃两样以上的肉食,妻妾不穿丝绸衣服。在朝廷上,国君说话涉及他,就正直地陈述自己的意见;国君的话不涉及他,就正直地去办事。国君能行正道,就顺着他的命令去做;不能行正道时,就对命令斟酌着去办。因此,他在齐灵公、庄公、景公三代,名声显扬于各国。

　　越石父贤,在缧绁中^①。晏子出,遭之涂,解左骖赎之,载归。弗谢,入闺。久之,越石父请绝。晏子懼然,摄衣冠谢曰:"婴虽不仁,免子于厄,何子求绝之速也?"石父曰:"不然。吾闻君子诎于不知己而信于知己者^②。方吾在缧绁中,彼不知我也。夫子既已感寤而赎我,是知己;知己而无礼,固不如在缧绁之中。"晏子于是延入为上客。

【注释】

①缧绁:拘系犯人的绳索,引申为囚禁。

②诎:通"屈",委屈。信:通"伸",伸展、伸张。

【译文】

　　越石父是个贤才,正在囚禁之中。晏子外出,在路上遇到他,就解开车左边的马,把他赎出来,用车带回家。晏子没有向越石父告辞,就走进内室。过了好久没出来,越石父就请求与晏子绝交。晏子大吃一惊,匆忙整理好衣冠道歉说:"我即使说不上善良宽厚,也总算帮助您从困境中解脱出来,您为什么这么快就要求绝交呢?"越石父说:"不是如此。我听说君子可以被不知己的人委屈,但在知己者面前就应当获得尊重。当我在囚禁之中,那些人不了解我。你既然已受到感动而醒悟,把我赎买出来,这就是了解我;了解我却不能以礼相待,还不如在囚禁之中。"晏子于是就请他进屋待为贵宾。

【原文】

　　晏子为齐相,出,其御之妻从门间而窥其夫。其夫为相御,拥大盖,策驷马,意气扬扬,甚自得也。既而归,其妻请去。夫问其故。妻曰:"晏子长不满六尺,身相齐国,名显诸侯。今者妾观其出,志念深矣,常有以自下者①。今子长八尺,乃为人仆御,然子之意自以为足,妾是以求去也。"其后夫自抑损②。晏子怪而问之,御以实对。晏子荐以为大夫。

【注释】

①自下:谦恭卑逊。

②抑损:谦恭、退让。抑,谦下。损,退损。

【译文】

晏子做齐国宰相时,一次坐车外出,车夫的妻子从门缝里偷偷地看她的丈夫。他丈夫替宰相驾车,头上遮着大伞,挥动着鞭子赶着四匹马,神气十足,得意扬扬。不久回到家里,妻子就要求离开。车夫问她原因。妻子说:"晏子身高不足六尺,却做了齐国的宰相,名声在各国显扬。我看他外出,志向思想都非常深沉,常有那种甘居人下的态度。现在你身高八尺,才不过做人家的车夫,看你的神态,却自以为挺满足,因此我要求离开。"从此以后,车夫就谦虚恭谨起来。晏子发现了他的变化,感到很奇怪,就问他,车夫如实相告。晏子就推荐他做了大夫。

【原文】

太史公曰:吾读管氏《牧民》《山高》《乘马》《轻重》《九府》及《晏子春秋》,详哉其言之也。既见其著书,欲观其行事,故次其传①。至其书,世多有之,是以不论,论其轶事。

【注释】

①次:编次,编列。

【译文】

太史公说:我读了管仲的《牧民》《山高》《乘马》《轻重》《九府》和《晏子春秋》,这些书上说的太详细了。我读了他们的著作,想让人们了解他们的事迹,所以就依次编写了他们的合传。至于他们的著作,世上已有很多,因此不再论述,只记载他们的轶事。

【原文】

管仲,世所谓贤臣,然孔子小之。岂以为周道衰微,桓公既贤,而不勉之至王,乃称霸哉?语曰"将顺其美,匡救其恶,故上下能相亲也"。岂管仲之谓乎?

方晏子伏庄公尸哭之,成礼然后去,岂所谓"见义不为无勇"者邪?至其谏说,犯君之颜,此所谓"进思尽忠,退思补过"者哉!假令晏子而在,余虽为之执鞭,所忻慕焉。

【译文】

管仲是世人所说的贤臣,然而孔子小看他。难道是因为周朝统治衰微,桓公既然贤明,管仲不勉励他实行王道却辅佐他只称霸主吗?古语说:"要顺势助成君主的美德,纠正挽救他的过错,所以君臣百姓之间能亲密无间。"这大概就是说的管仲吧?

当初晏子枕伏在庄公尸体上痛哭,完成了礼节然后离去,难道是人们所说的"遇到正义的事情不去做就是没有勇气"的表现吗?至于晏子直言进谏,敢于冒犯君主的威严,这就是人们所说的"进就想到竭尽忠心,退就想到弥补过失"的人啊!假使晏子还活着,我即使替他挥动着鞭子驾车,也是非常高兴和十分向往的。

司马穰苴列传

　　司马穰苴，本姓田，为齐国著名战将，作者不用其本名题篇，而用其官称"司马穰苴"题篇，以明敬慕之意。全传以晏婴对司马穰苴的评价"文能附众，武能威敌"为一篇之纲目，写他在齐师败于晋、燕军队之时，临危受命、整饬军队，不战而屈人之兵的史实。为整肃军威、申明军纪，司马穰苴以严法诛杀国君的宠臣庄贾，处置景公使者。为激发士卒的斗志，他事必躬亲，与众人同甘共苦，终于使士卒争奋为之赴战，而晋、燕之师不战而罢，齐国成功收复失地。

【原文】

　　司马穰苴者，田完之苗裔也①。齐景公时，晋伐阿、甄，而燕侵河上②，齐师败绩③。景公患之。晏婴乃荐田穰苴曰："穰苴虽田氏庶孽④，然其人文能附众⑤，武能威敌，愿君试之。"景公召穰苴，与语兵事，大说之，以为将军，将兵扞燕、晋之师⑥。穰苴曰："臣素卑贱，君擢之闾伍之中⑦，加之大夫之上，士卒未附，百姓不信，人微权轻，愿得君之宠臣，国之所尊，以监军，乃可。"于是景公许之，使庄贾往。

【注释】

①苗裔：后代。

②河上：黄河岸边。

③败绩：大败。

④庶孽：妾生的孩子。

⑤附众：得到大家归附、顺从。

⑥扞：抵御，保卫。

⑦擢：提拔。间伍：乡里，民间。间与伍都是户籍的基层组织。

【译文】

司马穰苴，是田完的后代子孙。齐景公时，晋国出兵攻打齐国的东阿和甄城，燕国进犯齐国黄河南岸的领土，齐国军队被打得大败。齐景公为此非常忧愁。晏婴就向齐景公推荐田穰苴，说："穰苴虽是田氏妾生之子，可他的文才能使大家归服，武略能使敌人畏惧，希望君王能用他试试。"于是齐景公召见穰苴，跟他议论军国大事，齐景公非常高兴，就命他为将军，率兵抵抗燕、晋两国军队。穰苴说："我的地位一向卑微，君王把我从平民中提拔起来，置于大夫之上，士兵不会亲服，百姓也不会信任，我的资望轻微，权威就无法树立，希望能派一位君王所宠信、国家所尊重的大臣，来做监军才行。"齐景公答应了他，派庄贾前去监军。

【原文】

穰苴既辞，与庄贾约曰："旦日日中会于军门①。"穰苴先驰至军，立表下漏待贾②。贾素骄贵，以为将己之军而己为监，不甚急；亲戚左右送之，留饮。日中而贾不至。穰苴则仆表决漏③，入，行军勒兵，申明约束。

约束既定,夕时,庄贾乃至。穰苴曰:"何后期为④?"贾谢曰:"不佞大夫亲戚送之,故留。"穰苴曰:"将受命之日则忘其家,临军约束则忘其亲,援枹鼓之急则忘其身⑤。今敌国深侵,邦内骚动,士卒暴露于境,君寝不安席,食不甘味,百姓之命皆悬于君,何谓相送乎!"召军正⑥问曰:"军法期而后至者云何?"对曰:"当斩。"庄贾惧,使人驰报景公,请救。既往,未及反⑦,于是遂斩庄贾以徇三军⑧。三军之士皆振慄⑨。久之,景公遣使者持节赦贾⑩,驰入军中。穰苴曰:"将在军,君令有所不受。"问军正曰:"军中不驰,今使者驰,云何?"正曰:"当斩。"使者大惧。穰苴曰:"君之使不可杀之。"乃斩其仆,车之左驸⑪,马之左骖⑫,以徇三军。遣使者还报,然后行。

【注释】

①旦日:明日。日中:正午,中午。

②立表:在阳光下竖起木杆,据木杆影子的移动计算时间。表,木杆。下漏:把铜壶下穿一小孔,壶中蓄水并立有刻度的箭,使水徐徐下漏,以箭杆显露出的刻度计算时间。

③仆表:把计时的木杆打倒。决漏:把壶里的水放出。

④期:约定的时间。

⑤援:操起,拿起。枹:鼓槌。鼓:击鼓。

⑥军正:军中司军法之官。

⑦反:同"返",返回。

⑧徇:示众。三军:泛指全军。

⑨振慄:战栗,害怕得发抖。

⑩节:符节,使者所持的信物。

⑪左驸:车厢左边的立木。

⑫骖:古代用三匹或四匹马拉车时,在两边的马叫"骖"。

【译文】

穰苴辞别景公后,便与庄贾约定说:"明天正午在军门会齐。"第二天,穰苴率先赶到军门,立起计时的木表等候庄贾。但庄贾向来骄盈显贵,认为统领的是自己的军队,而自己又做监军,就不是特别着急;亲友给他饯行,挽留他喝酒。到了正午,庄贾还没到来。穰苴就放倒木表,倒掉漏壶里的水,进入军营,巡视队伍,整饬兵士,宣布各种规章号令。等他部署完毕,已是日暮时分,庄贾才到。穰苴说:"为什么约定了时刻还迟到?"庄贾表示歉意说:"大臣和亲戚们为我送行,所以耽搁了。"穰苴说:"身为将领,从接受命令的那天起,就应忘掉自己的家庭;来到军队宣布规章号令后,就应忘掉自己的父母;擂鼓进军的紧急时刻,就应忘掉自己的生命。如今敌人侵略已深入国境,国内动乱不安,战士已在前线日晒夜露,国君睡不安稳,吃不香甜,百姓生命都维系在你身上,还谈得上什么送行呢!"言毕,就把法吏叫来问道:"军法上,对于约定时刻而迟到的人说该怎么办?"回答说:"应当斩首。"庄贾很害怕,派人飞马报告齐景公,请求搭救。报信人去后,还没来得及返回,穰苴就将庄贾斩首,向三军示众。全军将士都害怕得发抖。过了好久,齐景公派遣的使者才拿着符节来赦免庄贾,使者驾着马车飞奔冲入军营。穰苴说:"将领在军队里,国君的命令有的可不接受。"又问法吏说:"军中不准纵马奔驰,现在使者驾着车马驰入军营,军法上是怎么规定的?"法吏说:"应当斩首。"使者异常恐惧。穰苴说:"国君使者不可杀。"就斩了使者的仆从,砍断车子左边的夹车木,杀死车驾左边的马,在三军巡行示众。穰苴让使者回去向齐景公报告,然后就出发了。

【原文】

士卒次舍①,井灶饮食,问疾医药,身自拊循之②。

77

悉取将军之资粮享士卒③，身与士卒平分粮食，最比其赢弱者④，三日而后勒兵。病者皆求行，争奋出为之赴战。晋师闻之，为罢去⑤。燕师闻之，度水而解⑥。于是追击之，遂取所亡封内故境而引兵归⑦。未至国，释兵旅⑧，解约束，誓盟而后入邑。景公与诸大夫郊迎，劳师成礼⑨，然后反归寝。既见穰苴，尊为大司马。田氏日以益尊于齐。

【注释】

①次舍：宿营。次，停留。舍，宿营地。

②身自：亲自。拊循：慰问，安抚。

③享：通"飨"，供食款待。

④最比：集合全军，淘汰瘦弱的士卒。最，总。比，排列。赢：瘦弱。

⑤罢：撤退。

⑥解（xiè）：同"懈"，松弛。

⑦所亡：所失掉的。

⑧国：国都。释兵旅：解除军队的战备。

⑨劳师：慰劳将士。成礼：按照一定的程式执行完毕。

【译文】

行军中士兵安营扎寨，掘井立灶，饮水伙食，探问疾病，安排医药，田穰苴都亲自过问并照顾他们。他把自己将军名下的专用物资和粮食全拿出来款待士兵，自己则与士兵一样平分粮食，还把体弱有病的士兵另行统计出来，三日后重新整训军队，准备出战。病弱的士兵都请求一同奔赴战场，争先奋勇要为他去战斗。晋军知道了这个消息后，就撤军回去了。燕国军队知道了这个消息后，就回到黄河以北，撤退而去。于是齐军趁势追击，收复了所有沦陷的领土，然后率军凯旋。还没到国都，穰苴就下令军队解除了武装，取消了战时的规章号令，宣誓立盟后才进入国都。齐景公率领大臣们到城外迎接,按照礼仪慰劳将士后,才回到寝宫。齐景公接见了田穰苴,尊奉他为大司马。从此,田氏在齐国的地位就一天天地显贵起来。

【原文】

已而大夫鲍氏、高、国之属害之^①,谮于景公。景公退穰苴,苴发疾而死。田乞、田豹之徒由此怨高、国等。其后及田常杀简公,尽灭高子、国子之族。至常曾孙和,因自立为齐威王。用兵行威,大放穰苴之法^②,而诸侯朝齐。

齐威王使大夫追论古者《司马兵法》而附穰苴于其中,因号曰《司马穰苴兵法》。

【注释】

①害:嫉妒。

②放:通"仿",仿效,效法。

【译文】

后来,大夫鲍氏、高氏、国氏一班人嫉妒穰苴,在齐景公面前诬陷中伤他。齐景公免去他的官职,他发病而死。田乞、田豹等人因此怨恨高氏、国氏等人。后来,等田常杀死齐简公,就将高氏、国氏家族全部诛灭。到了田常的曾孙和,便自立为君,称齐威王。他率兵打仗行使权威,都大力效仿穰苴的做法,各国诸侯都到齐国来朝拜。

齐威王派大臣整理古代的各种《司马兵法》,而把大司马田穰苴的兵法也放在里边,故而定名为《司马穰苴兵法》。

【原文】

太史公曰:余读《司马兵法》,闳廓深远,虽三代征伐,未能竟其义,如其文也,亦少褒矣。若夫穰苴,区区为小国行师,何暇及《司马兵法》之揖让乎①? 世既多《司马兵法》②,以故不论,著穰苴之列传焉。

【注释】

①揖让:宾主相见,拱手作揖的礼仪,这里引申为《司马兵法》中所论述的军制礼仪。

②多:推重,赞扬。

【译文】

太史公说:我读《司马兵法》,感到它立论宏大深远,即使是三代的战争,也未能完全发挥出它的内蕴,像现在把《司马穰苴兵法》的文字附在里边,也未免推许太过分了。至于说到田穰苴,不过是为小小诸侯国带兵打仗,怎能和《司马兵法》相提并论呢? 世人既然推许《司马兵法》,因此不再评论,就写了这篇《司马穰苴列传》。

孙子吴起列传

本篇是春秋战国时代著名军事家孙武、孙膑、吴起三人之合传,附魏惠王将军庞涓的事迹。作为《史记》又一篇兵家人物传记,全传以兵法相串联,主要记述并称颂了他们杰出的军事才能。孙武传记述"吴宫教战"事迹及其西破强楚、北威齐晋的战绩;孙武后裔孙膑传文以其为庞涓所嫉而受断足之苦开篇,再叙其用兵法教田忌赛马取胜而得以见用于齐威王的传奇经历,重点描写他在围魏救赵与马陵道智斗中两败魏军、歼灭庞涓之事;吴起传则记述他以卓越的军事、政治才能助魏楚两国富国强兵的事迹。至于三人之品德为人则无可称道,而司马迁尤其对吴起颇有微词,称其"以刻暴少恩亡其躯"。

【原文】

孙子武者,齐人也。以兵法见于吴王阖庐。阖庐曰:"子之十三篇①,吾尽观之矣,可以小试勒兵乎②?"对曰:"可。"阖庐曰:"可试以妇人乎?"曰:"可。"于是许之,出宫中美女,得百八十人。孙子分为二队,以王之宠姬二人各为队长,皆令持戟③。令人曰:"汝知而心与左右手背乎④?"妇人曰:"知之"。孙子曰:"前,则视心;左,视左手;右,视右手;后,即视背。"妇人曰:

"诺。"约束既布⑤,乃设铁钺⑥,即三令五申之。于是鼓之右⑦,妇人大笑。孙子曰:"约束不明,申令不熟,将之罪也。"复三令五申而鼓之左,妇人复大笑。孙子曰:"约束不明,申令不熟,将之罪也;既已明而不如法者⑧,吏士之罪也。"乃欲斩左右队长。吴王从台上观,见且斩爱姬,大骇,趣使使下令曰⑨:"寡人已知将军能用兵矣。寡人非此二姬,食不甘味,愿勿斩也。"孙子曰:"臣既已受命为将,将在军,君命有所不受。"遂斩队长二人以徇⑩。用其次为队长,于是复鼓之,妇人左右前后跪起皆中规矩绳墨⑪,无敢出声。于是孙子使使报王曰:"兵既整齐,王可试下观之,唯王所欲用之,虽赴水火犹可也。"吴王曰:"将军罢休就舍⑫,寡人不愿下观。"孙子曰:"王徒好其言,不能用其实。"

于是阖庐知孙子能用兵,卒以为将。西破强楚,入郢,北威齐、晋,显名诸侯,孙子与有力焉。

【注释】

①十三篇:指孙武撰写的《孙子兵法》,也叫《孙子》。

②勒兵:整训军队,操练。勒,约束,统率。

③戟:古代青铜制的兵器,具有戈和矛的特征,能直刺,又能横击。

④而:你。心:胸口。

⑤约束:用来控制管理的号令、规定。

⑥设铁钺:设置刑戮之具。铁,铡刀,用作腰斩的刑具。钺,古兵器,刃圆或平,持以砍斫。

⑦鼓:击鼓发令。

⑧不如法:不按照号令去操练。

⑨趣:通"促",催促。使使:派遣使者。

⑩徇:示众。

⑪中:符合。规矩:校正圆形和方形的器具。绳墨:木工用以正曲直的墨线。这里借指军令。

⑫就舍:到客馆去。

【译文】

孙子名武,是齐国人。因为精通兵法,受到吴王阖庐的接见。阖庐说:"您的十三篇兵书,我都读过了,可以小规模地试着整训一下军队吗?"孙子回答说:"可以。"阖庐说:"可以用妇人试试吗?"孙子回答说:"可以。"于是阖庐就答应他试试,叫出宫中的美女,共约一百八十人。孙子将她们分为两队,让吴王阖庐宠爱的两位侍妾分别做队长,让所有的美女都拿一支戟。然后命令她们说:"你们知道自己的心、左右手和背吗?"妇人们回答说:"知道。"孙子说:"我说向前,你们就看自己心口所对的方向;我说向左,你们就看左手所在的方向;我说向右,你们就看右手所在的方向;我说向后,你们就看背所对的方向。"妇人们答道:"是。"号令宣布完毕,于是陈设了斧钺等刑具,旋即又把已宣布的号令反复交代清楚。就击鼓发令,叫她们向右,妇人们都哈哈大笑起来。孙子说:"纪律还不清楚,号令还不熟悉,这是将领的过错。"又反复交代清楚,然后击鼓发令让她们向左,妇人们又都哈哈大笑起来。孙子说:"纪律不清楚,号令不熟悉,这是将领的过错;现在这些既然讲得清清楚楚,却不遵照号令去做,这就是军官和士兵的过错了。"于是就要斩杀左、右两队的队长。吴王在台上观看,见孙子将要杀自己的爱妾,大吃一惊,急忙派使臣传下命令说:"我已知道将军善于用兵了。我要是没了这两个侍妾,吃起东西来也没有味道,希望你不要杀她们。"孙子回答说:"我已受命为将,将领在军队里,国君的命令有的可以不接受。"于是斩杀了两个队长示众。然后按顺序任用两队第二人为队长,于是又击鼓发令,妇人们不论是向左向右、上前退后、跪倒起立都符合军令的要求,没有人敢出声。于是孙子派使臣向吴王报告说:"队伍已操练整齐,大王可以下台来验察,任凭大王怎样使用她们,即使叫她们赴汤蹈火也做得到了。"吴王回答说:"将军停止演练,回宾馆去休息吧,我不愿下去察看了。"孙子感叹地说:"大王只是欣赏我的兵书,却不能让我付诸实践。"

于是,吴王阖庐知道孙子善于用兵,终于任用他做了将军。向西打败强大的楚国,攻克郢都,向北威震齐国和晋国,在诸侯中名声赫赫,这些,孙子参与出了很大的力。

【原文】

孙武既死,后百余岁有孙膑。

膑生阿、鄄之间①,膑亦孙武之后世子孙也。孙膑尝与庞涓俱学兵法。庞涓既事魏,得为惠王将军,而自以为能不及孙膑,乃阴使召孙膑②。膑至,庞涓恐其贤于己,疾之③,则以法刑断其两足而黥之④,欲隐勿见。

【注释】

①阿:古邑名,在今山东阳谷县阿城镇。鄄:鄄城,在今山东鄄城北。
②阴:暗中,秘密地。
③疾:厌恶,忌恨。
④黥:即墨刑,在犯人的面额上刺字。

【译文】

孙子死后,隔了一百多年又出了个孙膑。

孙膑出生在阿城和鄄城一带,也是孙武的后代子孙。他曾和庞涓一道学习兵法。后来庞涓事奉魏国,做了魏惠王的将军,知道自己的才能比不上孙膑,就暗中把孙膑找来。孙膑到来,庞涓害怕他比自己贤能,因而忌恨他,就假借罪名用刑砍掉他的两只脚,并且在他脸上刺了字,想让他隐藏起来不敢露面。

【原文】

齐使者如梁①，孙膑以刑徒阴见，说齐使。齐使以为奇，窃载与之齐。齐将田忌善而客待之。忌数与齐诸公子驰逐重射②。孙子见其马足不甚相远③，马有上、中、下辈。于是孙子谓田忌曰："君弟重射④，臣能令君胜。"田忌信然之，与王及诸公子逐射千金。及临质⑤，孙子曰："今以君之下驷与彼上驷，取君上驷与彼中驷，取君中驷与彼下驷。"既驰三辈毕，而田忌一不胜而再胜，卒得王千金。于是忌进孙子于威王。威王问兵法，遂以为师。

【注释】

①如：往，到某地去。梁：指魏国，因其都大梁，史称魏为梁。

②诸公子：国君除太子以外的诸子。驰逐：指赛马。重射：押重金赌输赢。

③马足：马的脚力，速度。

④弟：但，只管，又写作"第"。

⑤临质：临场比赛。质，对抗，评量。

【译文】

齐国使臣来到大梁，孙膑以犯人的身份秘密地会见了齐使，进行游说。齐国的使臣认为他是个难得的人才，就偷偷地用车把他载回齐国。齐国将军田忌赏识他，用上宾的礼节来款待他。田忌经常跟齐国贵族子弟赛马，下很大的赌注。孙膑发现那些马的脚力都差不多，但分为上、中、下三等。于是孙膑对田忌说："您尽管下大的赌注，我能让您取胜。"田忌相信了他，与齐王和贵族子弟们赛马，下了千金赌注。临场比赛时，孙膑对田忌说："现在用您的下等马对付他们的上等马，用您的上等马对付他们的中等马，用您的中等马对付他们的下等马。"
三个等级的比赛结束后，田忌败了一次，胜了两次，最终赢得了齐王的
千金赌注。于是田忌就把孙子推荐给齐威王。威王向他请教兵法，把
他当作老师。

【原文】

其后魏伐赵，赵急，请救于齐。齐威王欲将孙膑，
膑辞谢曰："刑余之人[①]，不可。"于是乃以田忌为将军，
而孙子为师，居辎车中，坐为计谋。田忌欲引兵之赵，
孙子曰："夫解杂乱纷纠者不控捲[②]，救斗者不搏撠[③]，
批亢捣虚[④]，形格势禁[⑤]，则自为解耳。今梁、赵相攻，
轻兵锐卒必竭于外，老弱罢于内。君不若引兵疾走大
梁，据其街路[⑥]，冲其方虚[⑦]，彼必释赵而自救。是我一
举解赵之围而收弊于魏也。"田忌从之。魏果去邯郸，
与齐战于桂陵，大破梁军。

【注释】

①刑余之人：受过肉刑身体已不完整的人。

②杂乱纷纠：事情好像纠缠在一起的乱丝，没有头绪。控：控制，引
申为紧握。捲：通"拳"。

③撠：刺。

④批亢捣虚：撇开敌人充实的地方，冲击敌人空虚的地方。批，排
除，撇开。亢，充满。

⑤格：被阻遏。禁：顾忌。

⑥街路：交通要道。

⑦方虚：正空虚处。

【译文】

后来魏国攻打赵国，赵国形势危急，向齐国求救。齐威王打算任用孙膑为主将，孙膑辞谢说："受过酷刑的人，不宜任主将。"于是就任命田忌做主将，孙膑做军师，坐在有篷帐的车里，暗中谋划。田忌想要领兵直奔赵国，孙膑说："想解开乱丝一样杂乱纠纷的人，不能紧握双拳用力；解救斗殴的人，不能卷进去帮着打斗。要避实击虚，争斗者因形势限制，就不得不自行解开。如今魏、赵两国相互攻打，魏国的精锐部队必定在国外筋疲力尽，老弱残兵在国内疲惫不堪。你不如率领军队火速向大梁挺进，占据他们的交通要道，冲击他们防务空虚的地方，魏国肯定会放弃赵国而回兵自救。这样，我们一举解救了赵国之围，而又可坐收魏国自行挫败之利。"田忌听从了孙膑的意见。魏军果然撤离邯郸，回师与齐军在桂陵交战，魏军被打得大败。

【原文】

后十三岁，魏与赵攻韩，韩告急于齐。齐使田忌将而往，直走大梁。魏将庞涓闻之，去韩而归，齐军既已过而西矣①。孙子谓田忌曰："彼三晋之兵②，素悍勇而轻齐，齐号为怯，善战者因其势而利导之。兵法：百里而趣利者蹶上将③，五十里而趣利者军半至。使齐军入魏地为十万灶，明日为五万灶，又明日为三万灶。"庞涓行三日，大喜，曰："我固知齐军怯，入吾地三日，士卒亡者过半矣④。"乃弃其步军，与其轻锐倍日并行逐之⑤。孙子度其行，暮当至马陵。马陵道狭，而旁多阻隘，可伏兵，乃斫大树白而书之曰："庞涓死于此树之下。"于是令齐军善射者万弩，夹道而伏，期曰"暮见火举而俱发"。庞涓果夜至斫木下，见白书，乃钻火烛之⑥。读其书未毕，齐军万弩俱发，魏军大乱相失⑦。庞涓自知智穷兵败，乃自刭，曰："遂成竖子之名⑧！"齐因乘胜尽破其军，虏魏太子申以归。孙膑以此名显天下，世传其兵法。

【注释】

①既已过而西：指齐军已越过齐国国境线西入魏国。

②三晋之兵：这里指魏兵。春秋末年，三家分晋，成为战国时的韩、赵、魏三国，史称三晋。

③趣：同"趋"。蹶：受挫折。

④亡：逃跑。

⑤倍日并行：昼夜兼程。

⑥钻火烛之：取火照亮树干上的字。钻，古时钻木取火。烛，照，照亮。

⑦相失：溃散，彼此不相照应。

⑧竖子：这小子。对人的蔑称。

【译文】

十三年后，魏国和赵国联合攻打韩国，韩国向齐国告急。齐王派田忌率军前往救援，径直进军大梁。魏将庞涓听到这个消息，率师撤离韩国回魏，而齐军已越过边界向西挺进。孙膑对田忌说："那魏军向来凶悍勇猛，看不起齐兵，齐兵被称作胆小怯懦，善于用兵的将领，就要顺应着这样的趋势而加以引导。兵法上说：'用急行军走一百里与敌人争利的，有可能折损上将军；用急行军走五十里与敌人争利的，可能有一半士兵掉队。'命军队进入魏境后先砌十万人煮饭的灶，第二天砌五万人煮饭的灶，第三天砌三万人煮饭的灶。"庞涓行军三日，特别高兴，说："我本来就知道齐军胆小怯懦，进入我国境才三天，逃跑的士兵就超过了半数了。"于是放弃他的步兵,只和他轻装精锐的部队,日夜兼程拼命追击齐军。孙膑估计他的行程,当晚可以到达马陵。马陵的道路狭窄,两旁又多是险要地带,适合埋伏军队。孙膑就叫人砍去树皮,露出白木,写上:"庞涓死于此树之下。"又命一万名善于射箭的齐兵,隐伏在马陵道两边,约定说:"晚上看见树下火光亮起,就万箭齐发。"庞涓果然当晚赶到那棵砍去树皮的大树下,看见白木上写着字,就取火照树干上的字。上边的字还没读完,齐军伏兵就万箭齐发,魏军大乱,互不接应。庞涓自知无计可施,败局已定,就拔剑自刎,临死说:"倒成就了这小子的声名!"齐军就乘胜追击,把魏军彻底击溃,俘虏魏国太子申回国。孙膑也因此战名扬天下,世上流传着他的兵法。

【原文】

吴起者,卫人也,好用兵。尝学于曾子^①,事鲁君。齐人攻鲁,鲁欲将吴起,吴起取齐女为妻,而鲁疑之。吴起于是欲就名^②,遂杀其妻,以明不与齐也^③。鲁卒以为将。将而攻齐,大破之。

【注释】

①尝:曾经。曾子:孔子门生曾子。

②就名:成就名声。就,完成。

③不与齐:不亲附齐国。与,亲附。

【译文】

吴起是卫国人,喜好用兵。曾向曾子求学,侍奉鲁君。后来齐国军队攻打鲁国,鲁君想任用吴起为主将,但吴起娶的妻子却是齐国人,鲁君因此怀疑他。当时,吴起一心想成名,就杀了自己的妻子,以此表明他不亲附齐国。鲁君终于任命他做了将军,率军攻打齐国,把齐军打得大败。

【原文】

鲁人或恶吴起曰①："起之为人，猜忍人也②。其少时，家累千金，游仕不遂③，遂破其家。乡党笑之，吴起杀其谤己者三十余人，而东出卫郭门④。与其母诀，啮臂而盟曰：'起不为卿相，不复入卫。'遂事曾子。居顷之，其母死，起终不归。曾子薄之而与起绝⑤。起乃之鲁，学兵法以事鲁君。鲁君疑之，起杀妻以求将。夫鲁小国，而有战胜之名，则诸侯图鲁矣⑥。且鲁卫兄弟之国也⑦，而君用起，则是弃卫。"鲁君疑之，谢吴起⑧。

【注释】

①或：有的人。恶：诋毁。

②猜忍：猜疑残忍。

③游仕：外出谋官。遂：遂心，如愿。

④郭门：古代外城城门。

⑤薄：轻视，看不起。绝：断绝关系。

⑥图：算计，谋取。

⑦鲁卫兄弟之国：鲁卫两国祖先姬旦与姬封是亲兄弟，所以叫兄弟之国。

⑧谢：辞退。

【译文】

鲁国有人诋毁吴起说："吴起为人，是猜疑残忍的。他年轻时，家里积蓄了千金，在外边求官没结果，把家产也败尽了。同乡的人讥笑他，他就杀掉三十多个讥笑自己的人，从卫国的东门逃跑了。他和母亲诀别时，咬着自己的胳膊赌咒说：'我吴起不做卿相，绝不再回卫国。'于是就拜曾子为师。不久，他母亲死了，吴起终究没回去奔丧。曾子瞧不起他并和他断绝了师徒关系。吴起就到鲁国去,学习兵法来侍奉鲁君。鲁君怀疑他,吴起杀掉妻子来明心迹,用以谋求将军的职位。鲁国虽是个小国,却有着战胜国的名声,那么诸侯各国就要打鲁国的主意了。况且鲁国和卫国是兄弟国家,鲁君要是重用吴起,就是抛弃卫国。"鲁君怀疑吴起,疏远了吴起。

【原文】

吴起于是闻魏文侯贤,欲事之。文侯问李克曰:"吴起何如人哉?"李克曰:"起贪而好色,然用兵,司马穰苴不能过也。"于是魏文侯以为将,击秦,拔五城。

【译文】

这时,吴起听说魏国文侯贤明,想去侍奉他。文侯问李克说:"吴起这个人怎么样啊?"李克回答说:"吴起贪恋成名,爱好女色,然而要是带兵打仗,连司马穰苴也超不过他。"于是魏文侯就任用他为主将,攻打秦国,夺取了五座城池。

【原文】

起之为将,与士卒最下者同衣食。卧不设席,行不骑乘,亲裹赢粮①,与士卒分劳苦。卒有病疽者②,起为吮之③。卒母闻而哭之。人曰:"子卒也,而将军自吮其疽,何哭为?"母曰:"非然也。往年吴公吮其父,其父战不旋踵④,遂死于敌。吴公今又吮其子,妾不知其死所矣。是以哭之。"

【注释】

①赢粮:剩余的军粮。

②病疽:患毒疮病。

③吮:用嘴吸疽排脓。

④旋:旋转。踵:脚跟。

【译文】

吴起做主将,跟最下等的士兵穿一样的衣服,吃一样的饭食。睡觉不铺垫褥,行军不乘车骑马,亲自背负捆扎好的粮食,与士兵们同甘共苦。有个士兵生了恶性毒疮,吴起替他吸吮脓汁。这个士兵的母亲听说后放声大哭。有人说:"你儿子只是个无名小卒,将军却亲自替他吸吮毒疮,你怎么还哭呢?"那位母亲回答说:"不是这样啊。往年吴公替他父亲吸吮毒疮,他父亲在战场上勇往直前,就战死在敌人手里。如今吴公又给我儿子吸吮毒疮,我不知道他又会死在什么地方,因此我才为他哭泣呢。"

【原文】

文侯以吴起善用兵,廉平,尽能得士心,乃以为西河守①,以拒秦、韩。

魏文侯既卒,起事其子武侯。武侯浮西河而下②,中流,顾而谓吴起曰:"美哉乎山河之固,此魏国之宝也!"起对曰:"在德不在险。昔三苗氏左洞庭,右彭蠡,德义不修,禹灭之。夏桀之居,左河、济,右泰、华,伊阙在其南,羊肠在其北,修政不仁,汤放之。殷纣之国,左孟门,右太行,常山在其北,大河经其南,修政不德,武王杀之。由此观之,在德不在险。若君不修德,舟中之人尽为敌国也。"武侯曰:"善。"

【注释】

①西河:郡名,今陕西东部黄河西岸地区。

②西河:此指山西、陕西交界的那段黄河。

【译文】

魏文侯因为吴起善于用兵打仗,廉洁公正,能取得所有将士的欢心,就任命他做西河地区的长官,来抗拒秦国和韩国。

魏文侯死后,吴起奉事他的儿子魏武侯。武侯泛舟顺黄河而下,船到半途,回过头来对吴起说:"山川是如此的险要壮美,这是魏国的瑰宝啊!"吴起回答说:"国家政权的稳固,在于施德于民,而不在于地势的险要。从前三苗氏左临洞庭湖,右濒彭蠡泽,但是它不修德行,不讲信义,所以夏禹灭掉了它。夏桀的领土,左临黄河、济水,右靠泰山、华山,伊阙山在它的南边,羊肠坂在它的北面,因为他不行仁政,所以商汤放逐了他。殷纣的领土,左边有孟门山,右边有太行山,常山在它的北边,黄河流经它的南面,因为他不行德政,武王杀了他。由此看来,政权稳固在于给人民施以恩德,不在于地理形势的险要。如果您不施恩德,这条船中的人都会变成您的仇敌啊。"武侯说:"讲得好。"

【原文】

吴起为西河守,甚有声名。魏置相,相田文。吴起不悦,谓田文曰:"请与子论功,可乎?"田文曰:"可。"起曰:"将三军,使士卒乐死,敌国不敢谋,子孰与起^①?"文曰:"不如子。"起曰:"治百官,亲万民,实府库,子孰与起?"文曰:"不如子。"起曰:"守西河而秦兵不敢东乡^②,韩、赵宾从^③,子孰与起?"文曰:"不如子。"起曰:"此三者,子皆出吾下,而位加吾上,何也?"文曰:"主少国疑,大臣未附,百姓不信,方是之时,属之于子乎^④? 属之我乎?"起默然良久,曰:"属之子矣。"文曰:"此乃吾所以居子之上也。"吴起乃自知弗如田文。

【注释】

①孰与:与某人比,哪一个更怎么样。

②东乡:向东侵犯。乡,同"向",面对。

③宾从:服从,归顺,实为结成同盟。

④属:同"嘱",托付。

【译文】

吴起做西河守,声望很高。魏国设置了相位,任命田文做国相。吴起很不高兴,对田文说:"请让我与您评一评功劳,可以吗?"田文说:"可以。"吴起说:"统率三军,让士兵乐意为国去死战,使敌国不敢图谋魏国,您和我比,谁强?"田文说:"不如您。"吴起说:"管理文武百官,让百姓亲附,充实府库的储备,您和我比,谁强?"田文说:"不如您。"吴起说:"拒守西河而秦军不敢向东侵犯,韩国、赵国服从归顺,您和我比,谁强?"田文说:"不如您。"吴起说:"这三方面您都在我之下,可是您的职位却在我之上,是什么道理呢?"田文说:"国君还年轻,国内不安定,大臣不亲附,百姓不信任,正当这个时候,是把政事托付给您呢,还是应当交给我呢?"吴起沉默了许久,说:"应该托付给您啊。"田文说:"这就是我的职位在您之上的原因啊。"吴起这才明白自己不如田文。

【原文】

田文既死,公叔为相,尚①魏公主,而害吴起②。公叔之仆曰:"起易去也。"公叔曰:"奈何?"其仆曰:"吴起为人节廉而自喜名也③。君因先与武侯言曰:'夫吴起贤人也,而侯之国小,又与强秦壤界④,臣窃恐起之无留心也。'武侯即曰:'奈何?'君因谓武侯曰:'试延以公主⑤,起有留心,则必受之,无留心,则必辞矣。以此卜之⑥。'君因召吴起而与归,即令公主怒而轻君。吴起见公主之贱君也,则必辞。"于是吴起见公主之贱魏相,果辞魏武侯。武侯疑之而弗信也。吴起惧得罪,遂去,即之楚。

【注释】

①尚:古代臣娶君之女叫尚。

②害:畏忌。

③节廉而自喜名:有骨气而又重视自己的名声。节,气节,节操。廉,锋利,有棱角。

④壤界:国土相连。

⑤延:聘请,邀请。这句的意思是说,用请吴起娶魏公主的办法探试。

⑥卜:判断,推断。

【译文】

田文死后,公叔做国相,娶了魏君的女儿,却畏忌吴起。公叔的仆人说:"吴起是不难撵走的。"公叔问:"怎么办?"那个仆人说:"吴起为人高傲而又喜好名誉、声望。您可找机会先向武侯进言说:'吴起是个贤能的人,而您的国土太小了,又和强大的秦国接壤,我私下担心吴起没有长期留在魏国的意思。'武侯就会说:'那可怎么办呢?'您就趁机对武侯说:'请用下嫁公主的办法去试探他,如果吴起有长期留在魏国的心意,就一定会答应娶公主,如果没有长期留下来的心意,就一定会推辞。用这个办法就能推断他的心意了。'您找个机会请吴起一道回家,故意让公主发怒而当面轻视您。吴起见公主这样蔑视您,就一定不会娶公主了。"当时,吴起见到公主如此地蔑视国相,果然婉言谢绝了魏武侯。武侯便怀疑吴起,也就不再信任他了。吴起怕招来灾祸,于是离开魏国,立即就到楚国去了。

【原文】

楚悼王素闻吴起贤，至则相楚。明法审令①，捐不急之官②，废公族疏远者，以抚养战斗之士。要在强兵，破驰说之言从横者③。于是南平百越；北并陈、蔡，却三晋；西伐秦。诸侯患楚之强。故楚之贵戚尽欲害吴起。及悼王死，宗室大臣作乱而攻吴起，吴起走之王尸而伏之④。击起之徒因射刺吴起，并中悼王⑤。

悼王既葬，太子立，乃使令尹尽诛射吴起而并中王尸者。坐射起而夷宗死者七十余家⑥。

【注释】

①明法：使法规明确。审令：令出必行。审，察。

②捐不急之官：淘汰裁减无关紧要的冗员。捐，撤掉。

③驰说：往来奔走的游说。从横：六国联合以抗秦，叫合纵；六国分别与秦国联盟，叫连横。

④走之王尸而伏之：逃跑过去俯伏在悼王的尸体上。

⑤中：正着目标。

⑥坐：因某事获罪。夷宗：灭族。夷，灭尽，杀绝。

【译文】

楚悼王一向听说吴起贤能，吴起一到楚国，就被悼王任命为国相。他明确法令，依法办事，令出必行，裁减冗员，废止疏远王族的按例供养，来抚养战士。致力于使军力强盛，斥退往来奔走谈合纵、连横的游说之客。于是向南平定百越；向北吞并陈国和蔡国，击退韩、赵、魏三国的进攻；向西又讨伐秦国。诸侯各国对楚国的强盛感到忧虑。以往被吴起停止供给的疏远王族都想谋害吴起。等悼王一死，王室大臣发动骚乱，攻打吴起，吴起逃到悼王停尸的地方，伏在他的尸体上。攻打吴起的那伙人趁机用箭射吴起,同时也射中了悼王的尸体。

等把悼王安葬停当后,太子即位,就让令尹把射杀吴起因而连带射中悼王尸体的人全部处死。由于射杀吴起而被灭族的有七十多家。

【原文】

太史公曰:世俗所称师旅①,皆道《孙子》十三篇、吴起《兵法》,世多有,故弗论,论其行事所施设者②。语曰:"能行之者未必能言,能言之者未必能行。"孙子筹策庞涓明矣③,然不能蚤救患于被刑④。吴起说武侯以形势不如德,然行之于楚,以刻暴少恩亡其躯⑤。悲夫!

【注释】

①称:称道,称誉。师旅:古时军制以二千五百人为师,五百人为旅,因以师旅通称军队。

②施设:设施,安排。

③筹策:谋划。

④蚤:通"早"。

⑤刻:刻薄。少恩:少施恩惠。亡:丧失。

【译文】

太史公说:世上所称道的军旅战法,都说是《孙子》十三篇和吴起《兵法》,这两部书,世上流传很广,所以不加论述,只评论他们生平行事所涉情况。俗话说:"能做的未必能说,能说的未必能做。"孙膑算计庞涓的军事行动是英明的,但他却不能预先防范刖足的酷刑。吴起向魏武侯讲解凭地势的险要不如给人民施以恩德的道理,然而到在楚国执政时却因为刻薄少恩而葬送了自己的生命。可悲啊!

伍子胥列传（节选）

伍子胥，其家历代事楚，因楚平王无道，致使其父兄蒙冤而死，故矢志报仇，背楚奔吴，献刺客专诸助吴公子光弑君自立，借吴兵破楚以复仇，鞭楚平王之尸以泄愤。全传以"复仇"为纲目，前述伍子胥为报父兄之仇，"弃小义，雪大耻，名垂于后世"的不同寻常的人生经历，后记伍子胥在吴国受谗被逼自尽的悲剧结局，其中又穿插吴王夫差为报杀父之仇而伐越，越王勾践为雪兵败之耻而灭吴的历史事件，文末则附以楚太子建之子白公胜乱楚复仇之事。

【原文】

伍子胥者，楚人也，名员。员父曰伍奢。员兄曰伍尚。其先曰伍举，以直谏事楚庄王，有显，故其后世有名于楚。

【译文】

伍子胥，楚国人，名叫员。伍员的父亲叫伍奢。伍员的哥哥叫伍尚。他的祖先叫伍举，因为侍奉楚庄王时直言谏诤而显贵，所以他的后代子孙在楚国很有名气。

【原文】

楚平王有太子名曰建,使伍奢为太傅,费无忌为少傅。无忌不忠于太子建。平王使无忌为太子取妇于秦①,秦女好,无忌驰归报平王曰:"秦女绝美,王可自取,而更为太子取妇。"平王遂自取秦女而绝爱幸之,生子轸。更为太子取妇。

【注释】

①取:同"娶"。

【译文】

楚平王有个太子名叫建,楚平王派伍奢做太子太傅,费无忌做太子少傅。无忌对太子建不忠心。平王派无忌到秦国为太子建娶亲,因为秦女长得漂亮,无忌就急忙赶回来报告平王说:"秦女是个绝代佳人,大王可以自己娶了他,再另外给太子娶个媳妇。"平王就自己娶了秦女,十分宠爱她,后来生了个儿子叫轸。另外给太子建娶了媳妇。

【原文】

无忌既以秦女自媚于平王,因去太子而事平王。恐一旦平王卒而太子立,杀己,乃因谗太子建。建母,蔡女也,无宠于平王。平王稍益疏建,使建守城父,备边兵。

【译文】

无忌用秦国美女向楚平王献媚以后,就离开了太子去侍奉平王。他又担心有一天平王死了,太子建继位,会杀了自己,因此在平王面前诋毁太子建。太子建的母亲是蔡国人,楚平王不宠爱她。因此,平王也越来越疏远太子建,派太子建驻守城父,驻守边疆。

　　顷之,无忌又日夜言太子短于王曰:"太子以秦女之故,不能无怨望①,愿王少自备也。自太子居城父,将兵,外交诸侯,且欲入为乱矣。"平王乃召其太傅伍奢考问之。伍奢知无忌谗太子于平王,因曰:"王独奈何以谗贼小臣疏骨肉之亲乎②?"无忌曰:"王今不制,其事成矣。王且见禽③。"于是平王怒,囚伍奢,而使城父司马奋扬往杀太子。行未至,奋扬使人先告太子:"太子急去,不然将诛。"太子建亡奔宋。

【注释】

　　①望:埋怨,怨恨。
　　②独:岂,难道。谗贼小臣:以谗言伤害人的小人之臣。贼,败坏,伤害。
　　③禽:同"擒",捕捉。

【译文】

　　不久,无忌又没日没夜地在平王面前说太子建的坏话,他说:"太子因为秦女,不可能没有怨恨情绪,希望大王自己稍许防备着点。自从太子驻守城父以后,统率军队,对外和诸侯交往,将要进入都城作乱了。"平王就把太子太傅伍奢召回来审问。伍奢知道无忌在平王面前说了太子的坏话,因此说:"大王岂能仅仅凭拨弄是非的小臣的坏话,就疏远了骨肉至亲呢?"无忌说:"如果大王现在不制止,他们的阴谋就要得逞了。大王将会被擒。"于是平王发怒,把伍奢囚禁起来,同时令城父司马奋扬去杀太子建。奋扬还没走到,派人提前告知太子:"太子赶快离开,要不然,将被杀死。"于是太子建逃到宋国去了。

【原文】

无忌言于平王曰:"伍奢有二子,皆贤,不诛且为楚忧。可以其父质而召之^①,不然且为楚患。"王使使谓伍奢曰:"能致汝二子则生,不能则死。"伍奢曰:"尚为人仁,呼必来。员为人刚戾忍诟^②,能成大事,彼见来之并禽,其势必不来。"王不听,使人召二子曰:"来,吾生汝父;不来,今杀奢也。"伍尚欲往,员曰:"楚之召我兄弟,非欲以生我父也,恐有脱者后生患,故以父为质,诈召二子。二子到,则父子俱死。何益父之死?往而令仇不得报耳。不如奔他国,借力以雪父之耻,俱灭,无为也。"伍尚曰:"我知往终不能全父命。然恨父召我以求生而不往,后不能雪耻,终为天下笑耳。"谓员:"可去矣!汝能报杀父之仇,我将归死。"尚既就执^③,使者捕伍胥。伍胥贯弓执矢向使者^④,使者不敢进,伍胥遂亡。闻太子建之在宋,往从之。奢闻子胥之亡也,曰:"楚国君臣且苦兵矣。"伍尚至楚,楚并杀奢与尚也。

【注释】

①质:做人质。

②刚戾忍诟(gòu):刚强能忍受耻辱。戾,凶暴,猛烈。诟,羞辱,耻辱。

③执:捉拿,拘捕。

④贯弓:弯弓,拉满弓。贯,通"弯"。

【译文】

无忌对平王说:"伍奢有两个儿子,都很贤能,不杀掉他们,将要成为楚国的祸害。可用他们父亲做人质,把他们招来,不这样将成为楚国的后患。"平王就派使臣对伍奢说:"能把你两个儿子叫来,就能活命;要是不能,就处死。"伍奢说:"伍尚为人仁慈,我叫他,一定能来。伍员为人性格刚强,忍辱负重,能成就大事,他知道来了一并被擒,势必不来。"平王不听,派人去召伍奢两个儿子,说:"来,我使你父亲活命;不来,现在就杀死伍奢。"伍尚打算前往,伍员说:"楚王召我们兄弟,并不打算让我们父亲活命,是担心我们逃跑,产生后患,所以用父亲作人质,欺骗我们。我们一到,就会和父亲一同处死。对于父亲的死,有什么好处呢?去了,就叫我们报不成仇了。不如逃往别国,借别国力量来洗雪父亲的耻辱,一道去死,没有意义呀。"伍尚说:"我知道去了最后也不能保全父亲的性命。可是只恨父亲召我们是为了保全性命,要是不去,以后又不能洗雪耻辱,终会被天下人所耻笑。"他对伍员说:"你逃走吧!你能报杀父之仇,我将要就身去死。"伍尚接受逮捕后,使臣又要逮捕伍子胥。伍子胥拉满弓,搭上箭对准使者,使者不敢上前,伍子胥就逃跑了。他听说太子建在宋国,就前去追随他。伍奢听说伍子胥逃跑了,说:"楚国君臣将要受战火之苦了。"伍尚来到楚都,楚平王就把伍尚和伍奢一道杀害了。

【原文】

伍胥既至宋,宋有华氏之乱,乃与太子建俱奔于郑。郑人甚善之。太子建又适晋,晋顷公曰:"太子既善郑,郑信太子。太子能为我内应,而我攻其外,灭郑必矣。灭郑而封太子。"太子乃还郑。事未会①,会自私欲杀其从者②,从者知其谋,乃告之于郑。郑定公与子产诛杀太子建。建有子名胜。伍胥惧,乃与胜俱奔吴。到昭关,昭关欲执之。伍胥遂与胜独身步走,几不得脱。追者在后。至江,江上有一渔父乘船,知伍胥之急,乃渡伍胥。伍胥既渡,解其剑曰:"此剑直百金,以

与父。"父曰:"楚国之法,得伍胥者赐粟五万石,爵执
珪,岂徒百金剑邪!"不受。伍胥未至吴而疾,止中道,
乞食。至于吴,吴王僚方用事,公子光为将。伍胥乃因
公子光以求见吴王。

【注释】

①未会:时机不成熟。会,时机,际会。

②自私:个人私事。

【译文】

伍子胥到宋国以后,正遇上宋国华氏作乱,就和太子建一同逃奔郑
国。郑国君臣对他们很友好。太子建又前往晋国,晋顷公说:"太子既然
与郑国君臣交好,郑国信任太子。太子要是能给我们做内应,我们从外
面进攻,必定能灭掉郑国。灭掉郑国,就把它封给太子。"太子于是返回
郑国。举事的时机还未成熟,不巧太子因为个人私事打算杀掉一个跟随
他的人,这个人知道太子的计划,就把它告诉郑国。郑定公和子产杀死
了太子建。建有个儿子叫胜。伍子胥害怕了,就和胜一同逃奔吴国。到
了昭关,昭关的官兵要捉拿他们。于是,伍子胥和胜各自只身徒步逃跑,
差一点不能脱身。追兵紧跟在后面。来至江边,江上有个渔翁乘着船,
知道伍子胥很危急,就渡伍子胥过江。伍子胥过江后,解下随身带的宝
剑说:"这把剑价值百金,把它送给你老人家。"渔翁说:"按照楚国的法
令,抓到伍子胥的人,赏给粮食五万石,封给执珪的爵位,难道是仅仅值
百金的宝剑吗?"不肯接受。伍子胥还没逃到吴国都城,就得了病,在中
途停下来,讨饭吃。到达吴都,吴王僚当权执政,公子光做将军。伍子胥
就通过公子光的关系求见了吴王。

【原文】

久之,楚平王以其边邑钟离与吴边邑卑梁氏俱蚕,

103

两女子争桑相攻,乃大怒,至于两国举兵相伐。吴使公子光伐楚,拔其钟离、居巢而归。伍子胥说吴王僚曰:"楚可破也。愿复遣公子光。"公子光谓吴王曰:"彼伍胥父兄为戮于楚,而劝王伐楚者,欲以自报其仇耳。伐楚,未可破也。"伍胥知公子光有内志,欲杀王而自立,未可说以外事,乃进专诸于公子光,退而与太子建之子胜耕于野。

【译文】

一段时间后,楚平王因楚国边邑钟离和吴国边邑卑梁氏都养蚕,两地女子为争采桑叶而相互厮打,就大发雷霆,以至于两国起兵相互攻伐。吴国派公子光攻打楚国,攻占了楚国的钟离、居巢就回来了。伍子胥劝吴王僚说:"楚国是可以打败的,希望再派公子光去。"公子光对吴王说:"那伍子胥的父兄被楚国杀死,他劝大王攻打楚国,是为了报他的私仇。攻打楚国,是不可能消灭它的。"伍子胥知道公子光在国内有野心,想杀死吴王僚而自立为君,因此不可以用对外的军事行动来劝说他,就向公子光推荐了专诸,自己离开朝廷,和太子建的儿子胜到乡下种田去了。

【原文】

五年而楚平王卒。初,平王所夺太子建秦女生子轸,及平王卒,轸竟立为后,是为昭王。吴王僚因楚丧,使二公子将兵往袭楚。楚发兵绝吴兵之后,不得归。吴国内空,而公子光乃令专诸袭刺吴王僚而自立,是为吴王阖庐。阖庐既立,得志,乃召伍员以为行人,而与谋国事。

【译文】

五年后,楚平王死。当初平王从太子建那儿夺取的那个秦女生了个儿子叫轸，等平王一死，轸竟即位为王，就是昭王。吴王僚趁楚国办丧事，派烛庸、盖余二公子领兵袭击楚国。楚国出兵切断吴军后路，使吴军不能退回国内。吴国国内空虚，公子光就命专诸暗杀了吴王僚，自立为王，这就是吴王阖庐。阖庐为王以后，愿望实现了，就召回伍员，官拜为行人，同他商量国事。

【原文】

楚诛其大臣郤宛、伯州犁，伯州犁之孙伯嚭亡奔吴，吴亦以嚭为大夫。前王僚所遣二公子将兵伐楚者，道绝不得归，后闻阖庐弑王僚自立，遂以其兵降楚，楚封之于舒。

阖庐立三年，乃兴师与伍胥、伯嚭伐楚，拔舒，遂禽故吴反二将军。因欲至郢，将军孙武曰："民劳，未可，且待之。"乃归。

【译文】

楚国杀了它的大臣郤宛、伯州犁，伯州犁的孙子伯嚭逃奔到吴国，吴国也用伯嚭做了大夫。从前，吴王僚派遣攻打楚国的两位公子，后路被切断不能回国，后来听说阖庐杀死吴王僚自立为王的消息，就带领着军队，投降了楚国，楚国把舒地封给了他们。

阖庐自立为王的第三年，就发动军队和伍子胥、伯嚭攻打楚国，占领了舒地，捉住了原来背叛吴国的两个将军。阖庐想乘胜进军郢都，将军孙武说："百姓太疲惫了，不行，暂且等一等。"就收兵回国了。

【原文】

四年，吴伐楚，取六与灊。五年，伐越，败之。六

105

年,楚昭王使公子囊瓦将兵伐吴。吴使伍员迎击,大破楚军于豫章,取楚之居巢。

【译文】

阖庐四年,吴国攻打楚国,夺取了六地和灊地。阖庐五年,攻打越国,打败了它。阖庐六年,楚昭王派公子囊瓦领兵攻打吴国。吴国派伍子胥迎战,在豫章大败楚军,夺取了楚国的居巢。

【原文】

九年,吴王阖庐谓伍子胥、孙武曰:"始子言郢未可入,今果可如?"二子对曰:"楚将囊瓦贪,而唐、蔡皆怨之。王必欲大伐之,必先得唐、蔡乃可。"阖庐听之,悉兴师与唐、蔡伐楚,与楚夹汉水而陈①。吴王之弟夫概将兵请从,王不听,遂以其属五千人击楚将子常。子常败走,奔郑。于是吴乘胜而前,五战,遂至郢。己卯,楚昭王出奔。庚辰,吴王入郢。

【注释】

①陈:同"阵",排列成阵。

【译文】

阖庐九年,吴王阖庐对伍子胥、孙武说:"当初你们说郢都不可攻入,现在究竟怎么样呢?"二人回答说:"楚国将军囊瓦贪财,唐国和蔡国都怨恨他。大王一定要大规模地进攻楚国,必须先得到唐国和蔡国的支持才行。"阖庐听从了他们的意见,出动了全部军队和唐国、蔡国一道攻打楚国,跟楚国军队在汉水两岸列兵对阵。吴王的弟弟夫概带领着军队请求相随出征,吴王不答应,夫概就用自己属下五千人攻击楚将子常。子常战败逃跑,逃奔郑国。于是,吴军乘胜挺进,经过五次战役,就打到了郢都。己卯日,楚昭王出逃。第二天,吴王进入郢都。

昭王出亡,入云梦;盗击王,王走郧。郧公弟怀曰:"平王杀我父,我杀其子,不亦可乎!"郧公恐其弟杀王,与王奔随。吴兵围随,谓随人曰:"周之子孙在汉川者,楚尽灭之。"随人欲杀王,王子綦匿王,己自为王以当之。随人卜与王于吴,不吉,乃谢吴不与王。

楚昭王出逃,躲进云楚泽;昭王遭到强盗的袭击,又逃到郧地。郧公的弟弟怀说:"平王杀死我们的父亲,我们杀死他的儿子,不也可以吗?"郧公担心他的弟弟杀死昭王,就和昭王一道逃到随地。吴兵包围了随地,对随地人说:"在汉水流域的周朝子孙,被楚国全部消灭了。"随地人要杀死昭王,王子綦把昭王藏起来,自己假冒昭王来搪塞他们。随地人卜了一卦,卦象表明把昭王交给吴国,不吉利,就谢绝了吴国,没有把昭王交出去。

始伍员与申包胥为交,员之亡也,谓包胥曰:"我必覆楚。"包胥曰:"我必存之。"及吴兵入郢,伍子胥求昭王。既不得,乃掘楚平王墓,出其尸,鞭之三百,然后已。申包胥亡于山中,使人谓子胥曰:"子之报仇,其以甚乎!吾闻之,人众者胜天,天定亦能破人。今子故平王之臣,亲北面而事之,今至于僇死人①,此岂其无天道

107

之极乎!"伍子胥曰:"为我谢申包胥曰,吾日莫途远②,吾故倒行而逆施之。"于是申包胥走秦告急,求救于秦。秦不许。申包胥立于秦廷,昼夜哭,七日七夜不绝其声。秦哀公怜之,曰:"楚虽无道,有臣若是,可无存乎!"乃遣车五百乘救楚击吴。六月,败吴兵于稷。会吴王久留楚求昭王,而阖庐弟夫概乃亡归,自立为王。阖庐闻之,乃释楚而归,击其弟夫概。夫概败走,遂奔楚。楚昭王见吴有内乱,乃复入郢。封夫概于堂溪,为堂溪氏。楚复与吴战,败吴,吴王乃归。

【注释】

①僇(ㄌㄨˋ):侮辱。
②莫:同"暮"。

【译文】

当初,伍子胥和申包胥是知己之交,伍子胥逃跑时,对申包胥说:"我一定要颠覆楚国。"申包胥说:"我一定要保全楚国。"等吴兵攻进郢都,伍子胥搜寻昭王,没有找到,就挖开楚平王的坟,拖出他的尸体,鞭打三百下才住手。申包胥逃到山里,派人去对伍子胥说:"您这样报仇,太过分了!我听说,人多可以胜天,天公降怒也能够毁灭人。您原来是平王的臣子,亲自称臣侍奉过他,如今弄到侮辱死人的地步,这难道不是伤天害理到了极点吗!"伍子胥对来人说:"替我告诉申包胥说,我就像太阳快要落山了,路途却还很遥远,所以我只能倒行逆施。"于是申包胥跑到秦国去报告危急情况,向秦国求救,秦国不答应。申包胥站在秦国朝廷上,日夜不停地痛哭,七天七夜没有中断。秦哀公同情他,说:"楚王虽无道,但有这样的臣子,能不保全楚国吗?"就派了五百辆战车援救楚国,攻打吴国。六月,在稷地打败了吴国的军队。正赶上吴王长时间地留在楚国搜寻楚昭王,吴王阖庐的弟弟夫概逃回国内,自立为王。阖庐听到这个消息,就弃楚国赶回去,攻打他的弟弟夫概。夫概兵败,跑到楚国。楚昭王见吴国内部发生变乱,就又回到郢都。把堂溪封给夫概,称堂溪氏。楚国再次和吴军作战,打败吴军,吴王就回国了。

【原文】

后二岁,阖庐使太子夫差将兵伐楚,取番。楚惧吴复大来,乃去郢,徙于鄀。当是时,吴以伍子胥、孙武之谋,西破强楚,北威齐晋,南服越人。

其后四年,孔子相鲁。

后五年,伐越。越王勾践迎击,败吴于姑苏,伤阖庐指①,军却。阖庐病创将死,谓太子夫差曰:"尔忘勾践杀尔父乎?"夫差对曰:"不敢忘。"是夕,阖庐死。夫差既立为王,以伯嚭为太宰,习战射。二年后伐越,败越于夫湫。越王勾践乃以余兵五千人栖于会稽之上,使大夫种厚币遗吴太宰嚭以请和②,求委国为臣妾。吴王将许之。伍子胥谏曰:"越王为人能辛苦,今王不灭,后必悔之。"吴王不听,用太宰嚭计,与越平③。

【注释】

①指:手指,也指脚趾,此处即指脚趾。
②币:用作礼物的丝织品,泛指用作礼物的玉、马、皮、帛等。遗:此指贿赂收买。
③平:媾和。

【译文】

又过了两年,阖庐派太子夫差领兵攻打楚国,夺取了番地。楚国害怕吴军再次大规模地进攻,就离开郢城,迁都鄀邑。在这时,吴国用伍子胥、孙武的战略,向西打败了强大的楚国,向北威镇了齐国、晋国,向南降服了越国。

又过了四年,孔子做鲁国国相。

又过了五年,吴军攻打越国。越王勾践率兵迎战,在姑苏打败了吴军,击伤了吴王阖庐的脚趾,吴军退却。阖庐创伤发作,很严重,快要死时对太子夫差说:"你会忘掉勾践杀了你父亲吗?"夫差回答说:"不敢忘记。"当天晚上,阖庐就死了。夫差继位吴王以后,任用伯嚭做太宰,操练士兵。两年后攻打越国,在夫湫打败越国的军队。越王勾践带着五千残兵栖息在会稽山上,派大夫文种用重礼赠送太宰嚭请求媾和,把国家政权交给吴国,甘心作为吴国奴仆。吴王准备答应越国的请求。伍子胥规劝说:"越王勾践为人能忍受艰辛,如今大王要是不一举歼灭他,今后一定会后悔。"吴王不听伍子胥的规劝,而采纳了太宰嚭的计策,和越国议和。

【原文】

其后五年,而吴王闻齐景公死而大臣争宠,新君弱,乃兴师北伐齐。伍子胥谏曰:"勾践食不重味①,吊死问疾②,且欲有所用之也。此人不死,必为吴患。今吴之有越,犹人之有腹心疾也。而王不先越而乃务齐,不亦谬乎!"吴王不听,伐齐,大败齐师于艾陵,遂威邹鲁之君以归③。益疏子胥之谋。

【注释】

①食不重味:用餐时不吃两道菜。

②吊死问疾:哀悼死者,慰问病者。

③威:胁迫。

与越国议和以后五年,吴王听说齐景公死了,大臣争权夺利,新君软弱,就发兵向北攻打齐国。伍子胥规劝说:"勾践一餐没有两味菜,哀悼死者、慰问病者,将打算有所作为。这个人不死,一定是吴国的祸患。现在吴国有越国在身边,就像一个人得了心腹之疾。大王不先铲除越国却一心打齐国的主意,不是很荒谬的吗?"吴王不听伍子胥的规劝,进攻齐国,在艾陵把齐国军队打得大败,于是慑服了邹国和鲁国的国君而回国。从此,就越来越不相信伍子胥的计谋了。

【原文】

其后四年,吴王将北伐齐,越王勾践用子贡之谋,乃率其众以助吴,而重宝以献遗太宰嚭。太宰嚭既数受越赂,其爱信越殊甚,日夜为言于吴王。吴王信用嚭之计。伍子胥谏曰:"夫越,腹心之病,今信其浮辞诈伪而贪齐。破齐,譬犹石田,无所用之。且《盘庚之诰》曰:'有颠越不恭,劓殄灭之①,俾无遗育②,无使易种于兹邑。'此商之所以兴。愿王释齐而先越;若不然,后将悔之无及。"而吴王不听,使子胥于齐。子胥临行,谓其子曰:"吾数谏王,王不用,吾今见吴之亡矣。汝与吴俱亡,无益也。"乃嘱其子于齐鲍牧,而还报吴。

【注释】

①劓:割除。殄:断绝,灭绝。
②俾:使。遗育:遗留传宗接代的机会。
③易:延。

【译文】

此后四年,吴王将要北上攻打齐国,越王勾践用子贡的计谋,就带领他的人马帮助吴王作战,把贵重的宝物奉献给太宰嚭。太宰嚭多次接受越国的贿赂,特别喜欢并信任越国,没日没夜地在吴王面前替越王说好话。吴王总是相信和采用太宰嚭的计谋。伍子胥规劝吴王说:"越国,是心腹大患,现在却相信它那些虚伪狡诈的欺骗之词,贪图齐国。攻占齐国,好比占领了一块石田,丝毫没用处。并且《盘庚之诰》上说:'有破坏礼法、不遵上命的,就要彻底割除灭绝他们,使他们不能繁衍下去,不要让他们在这个城邑里延续下去。'这就是商朝之所以兴盛的原因。希望大王放弃齐国,先攻打越国;如果不这样,今后反悔也来不及了。"吴王不听伍子胥劝告,却派他出使齐国。子胥临行时,对他的儿子说:"我屡次规劝大王,大王不听,我现在看到吴国的末日了。你同吴国一道毁灭,没好处。"就把他的儿子托付给齐国的鲍牧,而返回吴国向吴王报告。

【原文】

吴太宰嚭既与子胥有隙,因谗曰:"子胥为人刚暴,少恩,猜贼[①],其怨望恐为深祸也。前日王欲伐齐,子胥以为不可,王卒伐之而有大功。子胥耻其计谋不用;乃反怨望。而今王又复伐齐,子胥专愎强谏[②],沮毁用事[③],徒幸吴之败以自胜其计谋耳。今王自行,悉国中武力以伐齐,而子胥谏不用,因辍谢,详病不行[④]。王不可不备,此起祸不难。且嚭使人微伺之,其使于齐也,乃属其子于齐之鲍氏。夫为人臣,内不得意,外倚诸侯,自以为先王之谋臣,今不见用,常鞅鞅怨望[⑤]。愿王早图之。"吴王曰:"微子之言,吾亦疑之。"乃使使赐伍子胥属镂之剑,曰:"子以此死。"伍子胥仰天叹曰:"嗟呼！谗臣嚭为乱矣，王乃反诛我。我令若父霸，自若未立时，诸公子争立，我以死争之于先王，几不得立。若既得立，欲分吴国予我，我顾不敢望也。然今若听谀臣言以杀长者。"乃告其舍人曰："必树吾墓上以梓，令可以为器；而抉吾眼县吴东门之上⑥，以观越寇之入灭吴也。"乃自刭死。吴王闻之大怒，乃取子胥尸盛以鸱夷革，浮之江中。吴人怜之，为立祠于江上，因命曰胥山。

【注释】

①猜贼：猜忌嫉害。

②专愎：刚愎固执。愎，任性，固执。

③沮：败坏。毁：毁谤。

④详：通"佯"，假装。

⑤鞅鞅：通"怏怏"，指郁郁不乐。

⑥抉：挖出。县：通"悬"，悬挂。

【译文】

吴国太宰嚭与伍子胥不和，就趁机在吴王面前说他的坏话："伍子胥为人强硬凶恶，缺少情义，猜忌狠毒，他的怨恨恐怕要酿成深重的灾难。前次大王想要攻打齐国，伍子胥认为不可以，大王最终发兵并且取得了重大的胜利。伍子胥因自己的计谋没被采用而感到羞耻，反而产生了怨恨情绪。如今大王又要再次攻打齐国，伍子胥独断固执，强行谏阻，败坏、诋毁大王的事业，只希望吴国战败来证明自己的计谋高明。如今大王亲自出征，调动全国的兵力去攻打齐国，而伍子胥的劝谏不被采纳，因此就中止上朝，假装有病不随大王出征。大王不可不有所戒备，这是很容易引起祸端的。况且我派人暗中探查，他出使齐国，竟把儿子托付给齐国的鲍氏。为人臣子，在国内不得意，就在外依靠诸侯，自己认为是先

113

王的谋臣,现在不被信用,时常郁闷埋怨。希望大王对这件事早日想办法。"吴王说:"没有你这番话,我也怀疑他了。"于是就派使臣把属镂宝剑赐给伍子胥,说:"你用这把宝剑自杀吧。"伍子胥仰天叹息道:"唉!谗言小人伯嚭作乱,大王反而来杀我。我使你父亲称霸,你还没确定为王位继承人时,公子们争夺太子之位,我在先王面前冒死相争,几乎不能得到太子之位。你立为太子后,想把吴国分一部分给我,我却不存此奢望。然而现在你竟听信谄媚小人的坏话来杀害长辈。"于是,告诉他亲近的门客说:"你们一定要在我的坟墓上种上梓树,让它长大能够做棺材;挖出我的眼珠悬挂在吴国都城东门的楼上,来让我看着越寇怎样进入都城,灭亡吴国。"于是自刎而死。吴王听到这番话,大发雷霆,就把伍子胥的尸体装进皮革袋子里,让它漂浮在江中。吴国人同情他,在江边为他修建了祠堂,因此把这个地方命名叫胥山。

【原文】

吴王既诛伍子胥,遂伐齐。齐鲍氏杀其君悼公而立阳生。吴王欲讨其贼,不胜而去。其后二年,吴王召鲁、卫之君之橐皋。其明年,因北大会诸侯于黄池,以令周室。越王勾践袭杀吴太子,破吴兵。吴王闻之,乃归,使使厚币与越平。后九年,越王勾践遂灭吴,杀王夫差;而诛太宰嚭,以不忠于其君,而外受重赂,与己比周也。

【译文】

吴王杀了伍子胥后,就攻打齐国。齐国鲍氏杀了他们的国君悼公而辅佐阳生做了国君。吴王打算讨伐鲍氏,可是,没有取得胜利就撤兵回去了。此后两年,吴王召集鲁国、卫国的国君在橐皋会盟。第二年,就趁势北上,在黄池大会诸侯,来逼迫周天子承认他的盟主地位。这时,越王勾践袭击吴国,杀死了吴太子,打败了吴国军队。吴王听到这个消息,就回国了,派人用丰厚的礼物与越国媾和。过后九年,越王勾践终于灭掉吴国,杀死吴王夫差;又杀了太宰嚭,因为他不忠于他的国君,接受外国的贵重贿赂,私下亲近越国。

【原文】

太史公曰:怨毒之于人甚矣哉^①!王者尚不能行之于臣下,况同列乎!向令伍子胥从奢俱死^②,何异蝼蚁。弃小义,雪大耻,名垂于后世。悲夫!方子胥窘于江上,道乞食,志岂尝须臾忘郢邪?故隐忍就功名,非烈丈夫孰能致此哉?白公如不自立为君者,其功谋亦不可胜道者哉!

【注释】

①怨毒:怨恨,仇恨。
②向:假使,先前。

【译文】

太史公说:怨毒对于人来说实在是太可怕了!国君尚且不能和臣子结怨,何况地位相同的人呢!假使伍子胥追随他的父亲伍奢一道死去,和蝼蚁又有什么区别。放弃小义,洗雪重大的耻辱,让名声流传于后世。可悲啊!当伍子胥在江边困窘危急,在路上沿途乞讨时,他的心志难道曾有一刻忘记郢都的仇恨吗?所以,他克制忍耐,成就功名,不是刚毅的男子,谁能达到这种地步呢?白公如果不自立为王,他的功业和才略恐怕也是说也说不尽的啊!

廉颇蔺相如列传（节选）

本篇重点铺叙赵国将相廉颇、蔺相如的品质才干和为保卫赵国所立下的功勋，并穿插记述了赵奢、赵括父子及李牧等人的事迹，所寓深意，即《太史公自叙》中所谓"国有贤相良将，民之师表也"。传文记蔺相如事迹，以"完璧归赵""渑池会"二片断彰显其智勇双全，取"将相和"事明其"先国家之急而后私仇"之志，并在论赞中直抒对他的无限景仰敬佩之情。记廉颇事迹，则以"负荆请罪"明其勇于认错、光明磊落的品行，而载其晚年受排斥事则指斥庸君信谗误国为害之大。"完璧归赵""负荆请罪""将相和"等故事得以流传后世，成千古佳话，离不开司马迁为二人立传之功。

【原文】

廉颇者，赵之良将也。赵惠文王十六年，廉颇为赵将伐齐，大破之，取阳晋，拜为上卿，以勇气闻于诸侯。

蔺相如者，赵人也，为赵宦者令缪贤舍人。

【译文】

廉颇是赵国优秀的将领。赵惠文王十六年，廉颇率领赵军去攻打齐

116

国,大败齐军,夺取了阳晋,被任命为上卿,以勇气闻名于诸侯各国。

蔺相如是赵国人,是赵国宦者令缪贤的家臣。

【原文】

赵惠文王时,得楚和氏璧。秦昭王闻之,使人遗赵王书①,愿以十五城请易璧。赵王与大将军廉颇诸大臣谋:欲予秦,秦城恐不可得,徒见欺;欲勿予,即患秦兵之来。计未定,求人可使报秦者,未得。宦者令缪贤曰:"臣舍人蔺相如可使。"王问:"何以知之?"对曰:"臣尝有罪,窃计欲亡走燕,臣舍人相如止臣,曰:'君何以知燕王?'臣语曰:'臣尝从大王与燕王会境上,燕王私握臣手,曰"愿结友"。以此知之,故欲往。'相如谓臣曰:'夫赵强而燕弱,而君幸于赵王,故燕王欲结于君。今君乃亡赵走燕,燕畏赵,其势必不敢留君,而束君归赵矣。君不如肉袒伏斧质请罪②,则幸得脱矣。'臣从其计,大王亦幸赦臣。臣窃以为其人勇士,有智谋,宜可使。"

于是王召见,问蔺相如曰:"秦王以十五城请易寡人之璧,可予不③?"相如曰:"秦强而赵弱,不可不许。"王曰:"取吾璧,不予我城,奈何?"相如曰:"秦以城求璧而赵不许,曲在赵;赵予璧而秦不予赵城,曲在秦。均之二策④,宁许以负秦曲⑤。"王曰:"谁可使者?"相如曰:"王必无人,臣愿奉璧往使。城入赵而璧留秦;城不入,臣请完璧归赵。"赵王于是遂遣相如奉璧西入秦。

【注释】

①遗(wèi):送给。

②肉袒:脱去上衣,露出上体,以示伏罪就刑。斧质:古代斩人刑具。质,同"锧"。

③不:通"否"。

④均:同"钧",权衡。

⑤负秦曲:使秦国承担理亏的责任。

【译文】

赵惠文王时,得到了楚国的和氏璧。秦昭王听说了这件事,就派人送给赵王一封书信,表示愿意用十五座城邑交换这块宝玉。赵王同大将军廉颇及大臣们商量:要是把宝玉给了秦国,秦国的城邑恐怕不可能得到,白白地被欺骗;要是不给,又怕秦军马上来攻打。怎么解决没有确定,想找一个能派到秦国去回复的使者,没有找到。宦者令缪贤说:"我的家臣蔺相如可以派去。"赵王问:"你怎么知道他可以呢?"缪贤回答说:"臣曾犯过罪,私下打算逃亡到燕国去,我的家臣蔺相如阻拦我,说:'您怎么会了解燕王呢?'我对他说:'我曾随从大王在国境上与燕王会见,燕王私下握住我的手,说"愿意跟您交个朋友"。我因此了解他,所以想往他那里去。'相如对我说:'赵国强,燕国弱,而您受宠于赵王,所以燕王想要与您结交。现在您是逃出赵国奔到燕国,燕国怕赵国,这种形势下燕王必定不敢收留您,而且还会把您捆绑起来送回赵国。您不如脱掉上衣,露出肩背,伏在斧刃之下,向大王请罪,这样兴许侥幸被赦免。'臣听从了他的意见,大王也开恩赦免了臣。臣私下认为这人是个勇士,有智谋,派他出使很合适。"

于是赵王召见蔺相如,问他说:"秦王用十五座城请求交换我的和氏璧,能不能给他?"相如说:"秦国强,赵国弱,不能不答应它。"赵王说:"得了我的宝璧,不给我城邑,怎么办?"相如说:"秦国请求用城换璧,赵国如不答应,赵国理亏;赵国给了璧而秦国不给赵国城邑,秦国理亏。两种对策衡量一下,宁可答应秦国,让它来承担理亏的责任。"赵王说:"谁可派为使臣?"相如说:"大王如果确实无人可派,臣愿捧护宝璧前往。

城邑归属赵国,就把宝璧留给秦国;城邑不能归赵国,我一定把和氏璧完好地带回赵国。"赵王于是就派蔺相如带着和氏璧,西行入秦。

【原文】

秦王坐章台见相如,相如奉璧奏秦王。秦王大喜,传以示美人及左右,左右皆呼万岁。相如视秦王无意偿赵城,乃前曰:"璧有瑕,请指示王。"王授璧,相如因持璧却立①,倚柱,怒发上冲冠,谓秦王曰:"大王欲得璧,使人发书至赵王,赵王悉召群臣议,皆曰'秦贪,负其强,以空言求璧,偿城恐不可得'。议不欲予秦璧。臣以为布衣之交尚不相欺,况大国乎!且以一璧之故逆强秦之欢,不可。于是赵王乃斋戒五日,使臣奉璧,拜送书于庭。何者?严大国之威以修敬也。今臣至,大王见臣列观,礼节甚倨②;得璧,传之美人,以戏弄臣。臣观大王无意偿赵王城邑,故臣复取璧。大王必欲急臣,臣头今与璧俱碎于柱矣!"相如持其璧睨柱③,欲以击柱。秦王恐其破璧,乃辞谢固请,召有司案图,指从此以往十五都予赵。相如度秦王特以诈详为予赵城,实不可得,乃谓秦王曰:"和氏璧,天下所共传宝也,赵王恐,不敢不献。赵王送璧时,斋戒五日,今大王亦宜斋戒五日,设九宾于廷,臣乃敢上璧。"秦王度之,终不可强夺,遂许斋五日,舍相如广成传④。相如度秦王虽斋,决负约不偿城,乃使其从者衣褐⑤,怀其璧,从径道亡⑥,归璧于赵。

【注释】

①却:后退。

②倨(jù):傲慢,轻慢。

③睨(nì):斜视。

④传(zhuàn):传舍,宾馆。

⑤衣褐:化装穿上粗麻布短衣。

⑥径道:便道,小路。

【译文】

秦王坐在章台上接见了蔺相如,相如捧璧献给秦王。秦王十分高兴,把宝璧给妻妾和左右侍从传看,左右都高呼万岁。相如看出秦王没有用城邑给赵国抵偿的意思,便走上前去说:"璧上有个小斑点,请允许我指给大王看。"秦王把璧交给他,相如于是手持璧玉退后几步站定,身体靠着殿柱,怒发冲冠,对秦王说:"大王想得到宝璧,派人送信给赵王,赵王召集全体大臣商议,大家都说:'秦国贪得无厌,倚仗国力强大,想用空话得到宝璧,给我们的城邑恐怕是不能得到的。'商议的结果是不想把宝璧给秦国。我认为平民百姓的交往尚且不互相欺骗,何况是大国呢!况且为了一块璧玉就惹得强大的秦国不高兴,也是不应该的。于是赵王斋戒了五天,派我捧着宝璧,在殿堂上恭敬地拜送国书。为什么要这样做呢?是尊重大国的威望以表示敬意呀。如今我来到贵国,大王却在一般的台观接见我,态度十分傲慢,不讲究礼节;得到宝璧后,传给姬妾们观看,这样来戏弄我。我观察大王没有诚意给赵王十五城邑,所以我又收回宝璧。大王如果一定要逼我,我的头今天就同宝璧一起在柱子上撞碎!"相如手持宝璧,斜视殿柱,就要向殿柱上撞去。秦王怕他真把宝璧撞碎,便连忙向他道歉,坚决请求他不要如此,并招来有司查看地图,指明从某地到某地的十五座城邑交割给赵国。相如估计秦王不过用欺诈手段假装给赵国城邑,实际上赵国是不可能得到的,于是就对秦王说:"这和氏璧是天下公认的宝物,赵王惧怕贵国,不敢不奉献出来。赵王送璧之前,斋戒了五天,如今大王也应斋戒五天,在殿堂上设九宾大典,我才敢献上宝璧。"秦王估量此事,毕竟不可用强力夺取,于是就答应斋戒

120

五天,请相如住在广成宾馆。相如估计秦王虽然答应斋戒,但必定背约不给城邑,便派他的随从穿上粗麻布衣服,怀中藏好宝璧,从小路逃出,把宝璧送回赵国。

【原文】

秦王斋五日后,乃设九宾礼于廷,引赵使者蔺相如。相如至,谓秦王曰:"秦自穆公以来二十余君,未尝有坚明约束者也①。臣诚恐见欺于王而负赵,故令人持璧归,间至赵矣。且秦强而赵弱,大王遣一介之使至赵,赵立奉璧来。今以秦之强而先割十五都予赵,赵岂敢留璧而得罪大王乎?臣知欺大王之罪当诛,臣请就汤镬②,唯大王与群臣孰计议之。"秦王于群臣相视而嘻。左右或欲引相如去,秦王因曰:"今杀相如,终不能得璧也,而绝秦赵之欢,不如因而厚遇之,使归赵,赵王岂以一璧之故欺秦邪!"卒廷见相如,毕礼而归之。

相如既归,赵王以为贤大夫,使不辱于诸侯,拜相如为上大夫。秦亦不以城予赵,赵亦终不予秦璧。

【注释】

①坚明:坚决明确地遵守。约束:信约,盟约。
②请就汤镬:即愿受烹刑。汤镬,盛开水的锅,用以烹人,古代的一种酷刑。

【译文】

秦王斋戒五天后,就在殿堂上设九宾大典,去请赵国使者蔺相如。相如来到后,对秦王说:"秦国从穆公以来的二十几位君主,从没有一个坚守盟约的。我实在是怕被大王欺骗而对不起赵王,所以派人带着宝璧回去，从小路已回到赵国了。况且秦强赵弱，大王派一位使臣到赵国，赵国立即就把宝璧送来。如今凭您秦国的强大，先把十五座城邑割让给赵国，赵国怎么敢留下宝璧而得罪大王呢？我知道欺骗大王之罪应被诛杀，我情愿受烹刑，只希望大王和各位大臣仔细考虑此事。"秦王和群臣面面相觑并有惊怪之声。侍从有人要把相如拉下去，秦王趁机说："如今杀了相如，终归还是得不到宝璧，反而破坏了秦赵两国的交情，不如趁此好好款待他，放他回到赵国，赵王难道会为了一块璧玉而欺侮秦国吗！"最终还是在殿堂上接见相如，完成了接见大礼让他回国。

相如回国后，赵王认为他是一位有才德的大夫，身为使臣，能不受别国的欺辱，于是封相如为上大夫。秦国没有把城邑给赵国，赵国也始终不给秦国宝璧。

【原文】

其后秦伐赵，拔石城。明年，复攻赵，杀二万人。

秦王使使者告赵王，欲与王为好会于西河外渑池。赵王畏秦，欲毋行。廉颇、蔺相如计曰："王不行，示赵弱且怯也。"赵王遂行，相如从。廉颇送至境，与王诀曰①："王行，度道里会遇之礼毕，还，不过三十日。三十日不还，则请立太子为王，以绝秦望。"王许之，遂与秦王会渑池。秦王饮酒酣，曰："寡人窃闻赵王好音，请奏瑟。"赵王鼓瑟。秦御史前书曰："某年月日，秦王与赵王会饮，令赵王鼓瑟。"蔺相如前曰："赵王窃闻秦王善为秦声，请奏盆缻秦王②，以相娱乐。"秦王怒，不许。于是相如前进缻，因跪请秦王。秦王不肯击缻。相如曰："五步之内，相如请得以颈血溅大王矣！"左右欲刃相如，相如张目叱之，左右皆靡③。于是秦王不怿④，为

一击缻。相如顾召赵御史书曰："某年月日，秦王为赵
王击缻。"秦之群臣曰："请以赵十五城为秦王寿。"蔺
相如亦曰："请以秦之咸阳为赵王寿。"秦王竟酒，终不
能加胜于赵。赵亦盛设兵以待秦，秦不敢动。

【注释】

①诀：辞别。

②缻(fǒu)：盛酒浆的瓦器，同"缶"，秦人歌时习惯击缶为节拍。

③靡：后退，溃退。

④怿(yì)：快乐，高兴。

【译文】

此后秦国攻打赵国，夺取了石城。第二年，秦国再次攻赵，杀死两
万人。

秦王派使者通告赵王，想在西河外的渑池与赵王进行一次友好会
见。赵王害怕秦国，想不去。廉颇、蔺相如商议道："大王如果不去，就显
得赵国既软弱又胆小。"赵王于是前往赴会，蔺相如随行。廉颇送到边
境，和赵王诀别说："大王此行，估计路程和会见礼仪结束，再加上返回的
时间，不会超过三十天。如果三十天还没回来，就请您允许我们拥立太
子为王，以断绝秦国的妄想。"赵王同意这个意见，便去渑池与秦王会见。
秦王饮到酒兴正浓时，说："我私下听说赵王爱好音乐，请您弹瑟吧！"赵
王就弹起瑟来。秦国史官上前来写道："某年某月某日，秦王与赵王一起
饮酒，令赵王弹瑟。"蔺相如上前说："赵王私下听说秦王擅长秦地土乐，
请让我给秦王献上盆缶，以便互相娱乐。"秦王发怒，不答应。这时相如
向前递上瓦缶，并跪下请秦王演奏。秦王不肯击缶。相如说："在这五步
之内，我蔺相如要把脖颈里的血溅在大王身上了！"侍从们想杀相如，相
如圆睁双眼大喝一声，侍从们都吓得倒退。当时秦王不高兴，也只好敲
了一下缶。相如回头招呼赵国史官写道："某年某月某日，秦王为赵王敲

123

缶。"秦国大臣们说："请你们用赵国的十五座城向秦王献礼。"蔺相如也说："请你们用秦国的咸阳向赵王献礼。"秦王直到酒宴结束,始终未能压倒赵国。赵国原来也部署了大批军队防备秦国,因而秦国也不敢轻举妄动。

【原文】

　　既罢归国,以相如功大,拜为上卿,位在廉颇之右。廉颇曰："我为赵将,有攻城野战之大功,而蔺相如徒以口舌为劳,而位居我上,且相如素贱人,吾羞,不忍为之下。"宣言曰："我见相如,必辱之。"相如闻,不肯与会。相如每朝时,常称病,不欲与廉颇争列。已而相如出,望见廉颇,相如引车避匿。于是舍人相与谏曰："臣所以去亲戚而事君者,徒慕君之高义也。今君与廉颇同列,廉君宣恶言而君畏匿之,恐惧殊甚,且庸人尚羞之,况于将相乎！臣等不肖,请辞去。"蔺相如固止之,曰："公之视廉将军孰与秦王？"曰："不若也。"相如曰："夫以秦王之威,而相如廷叱之,辱其群臣,相如虽驽^①,独畏廉将军哉？顾吾念之,强秦之所以不敢加兵于赵者,徒以吾两人在也。今两虎共斗,其势不俱生。吾所以为此者,以先国家之急而后私仇也。"廉颇闻之,肉袒负荆,因宾客至蔺相如门谢罪。曰："鄙贱之人,不知将军宽之至此也。"卒相与欢,为刎颈之交。

【注释】

①驽:劣马,常喻人之拙笨。

124

【译文】

　　渑池会结束回国以后,由于相如功劳大,被封为上卿,位在廉颇之上。廉颇说:"我是赵国将军,有攻城野战的大功,而蔺相如只不过靠能说会道立了点功,可是他的地位却在我之上,况且蔺相如本来是卑贱之人,我感到羞耻,难以忍受在他之下。"并且扬言说:"我遇见蔺相如,一定要羞辱他。"蔺相如听到后,不肯和他相会。相如每到上朝时,常常推说有病,不愿和廉颇去争位次的先后。没过多久,相如外出,远远看到廉颇,相如就掉转车子回避。于是相如的门客就一起来直言进谏说:"我们之所以离开亲人来侍奉您,就是仰慕您高尚的气节呀。如今您与廉颇职位相同,廉老先生口出恶言,而您却怕他躲他,您怕得也太过分了,平庸的人尚且感到羞耻,何况是身为将相的人呢!我们这些人没出息,请让我们告辞。"蔺相如坚决地挽留他们,说:"诸位认为廉将军和秦王相比谁更厉害?"回答说:"廉将军不如秦王。"相如说:"以秦王的威势,而我却敢在朝廷上呵斥他,羞辱他的群臣,我蔺相如即使无能,难道会怕廉将军吗?只是我想到,强秦之所以不敢对赵国用兵,就是因为有我们两人在呀。如今两虎相斗,势必不能共存。我之所以这样忍让,是要把国家的急难摆在前面,而把个人的仇怨放在后面。"廉颇听说了这些话,就脱去上衣,露出上身,背着荆条,由宾客带引,到蔺相如家请罪。他说:"我是个粗野卑贱的人,想不到将军您是如此的宽厚。"二人终于相互交欢和好,成为生死与共的好友。

【原文】

　　太史公曰:知死必勇,非死者难也,处死者难[1]。方蔺相如引璧睨柱,及叱秦王左右,势不过诛,然士或怯懦而不敢发。相如一奋其气,威信敌国[2];退而让颇,名重太山[3]。其处智勇,可谓兼之矣!

125

【注释】

①处死:如何对待死。处,处理,对待。

②信:通"伸",伸张。

③太山:即泰山。

【译文】

太史公说:知道将死而不害怕,必定是很有勇气;死并非难事,而怎样对待死才是难事。当蔺相如手举宝璧斜视殿柱,以及大声呵斥秦王侍从的时候,就面前形势来说,最多不过是被杀罢了,然而一般士人往往因为胆小懦弱而不敢行动。蔺相如一旦振奋起他的勇气,其威力就伸张出来压倒敌国;后来又对廉颇谦逊退让,他的声名比泰山还重。他处事中所表现的智慧和勇气,真可以说是兼而有之啊!

刺客列传（节选）

《刺客列传》是一篇不以人物名篇的类传，《史记》人物类传本着"以类相从"的原则，将行事相同或性质相类的人物归为一传，以概括典型。本文依时序记叙了春秋战国时代五位扶弱济危、不畏强暴的著名刺客的事迹：鲁国曹沫劫齐桓公，迫其归还侵鲁之地；吴国专诸刺杀吴王僚，为公子光夺取王位；晋人豫让谋刺赵襄子，以报智伯的知遇之恩；魏人聂政杖剑至韩刺杀韩相侠累，以报严仲子；卫人荆轲行刺秦王，以报燕太子丹而事败身死。而其中荆轲之事最为详细精彩。

【原文】

荆轲者，卫人也。其先乃齐人^①，徙于卫^②，卫人谓之庆卿。而之燕，燕人谓之荆卿。

【注释】

①先：先人，祖先。
②徙：迁移。

【译文】

荆轲是卫国人，他的祖先是齐国人，后来迁移到卫国，卫国人称呼他庆卿。到燕国后，燕国人称呼他荆卿。

【原文】

　　荆轲好读书击剑,以术说卫元君,卫元君不用。其后秦伐魏,置东郡,徙卫元君之支属于野王。

【译文】

　　荆卿喜爱读书、击剑,凭借着剑术游说卫元君,卫元君没有任用他。此后秦国攻打魏国,设置了东郡,把卫元君和他的旁支亲属迁移到野王。

【原文】

　　荆轲尝游过榆次,与盖聂论剑,盖聂怒而目之[①]。荆轲出,人或言复召荆卿。盖聂曰:"曩者吾与论剑有不称者[②],吾目之;试往,是宜去,不敢留。"使使往之主人,荆卿则已驾而去榆次矣。使者还报,盖聂曰:"固去也,吾曩者目摄之[③]。"

【注释】

　　①目:瞪眼逼视。
　　②曩者:过去,这里指刚才。有不称者:论剑不投机,有不合适的言辞。
　　③摄:通"慑",威慑,威吓。

【译文】

　　荆轲漫游曾路经榆次,与盖聂谈论剑术,盖聂对他怒目而视。荆轲出去后,有人劝盖聂再把荆轲叫回来。盖聂说:"刚才我和他谈论剑术,他谈的有不甚得当的地方,我用眼瞪了他;去找找看吧,我用眼瞪他,他应当走了,不敢再逗留在这里了。"派人到荆轲住处询问,荆轲则已乘车离开榆次了。派去的人回来报告,盖聂说:"本来就该走了,刚才我用眼睛瞪他,他害怕了。"

【原文】

    荆轲游于邯郸,鲁句践与荆轲博①,争道②,鲁句践怒而叱之,荆轲嘿而逃去,遂不复会。

【注释】

    ①博:下棋。

    ②争道:争执棋子的胜负。

【译文】

    荆轲漫游邯郸,鲁句践跟荆轲下棋,争执棋子的胜负,鲁句践发怒呵斥了他,荆轲却默无声息地逃走了,于是不再见面。

【原文】

    荆轲既至燕,爱燕之狗屠及善击筑者高渐离①。荆轲嗜酒,日与狗屠及高渐离饮于燕市,酒酣以往,高渐离击筑,荆轲和而歌于市中,相乐也,已而相泣,旁若无人者。荆轲虽游于酒人乎,然其为人沉深好书②;其所游诸侯,尽与其贤豪长者相结。其之燕,燕之处士田光先生亦善待之,知其非庸人也。

【注释】

    ①筑:古代一种弦乐器。

    ②沉深:深沉稳重。

　　荆轲到燕国后,喜欢上一个以宰狗为业的人和擅长击筑的高渐离。荆轲特别好饮酒,天天和那个狗屠及高渐离在燕市上喝酒,喝得尽兴以后,高渐离击筑,荆轲就和着节拍在街市上唱歌,相互娱乐,不一会儿又相互哭泣,好像身旁没有人的样子。荆轲虽说混在酒徒中,可他为人却深沉稳重,爱好读书;他游历诸侯各国时,都是与当地贤士豪杰、德高望重的人相结交。他到燕国后,燕国隐士田光先生也友好地对待他,知道他不是平庸的人。

【原文】

　　居顷之,会燕太子丹质秦亡归燕①。燕太子丹者,故尝质于赵,而秦王政生于赵,其少时与丹欢。及政立为秦王,而丹质于秦。秦王之遇燕太子丹不善,故丹怨而亡归。归而求为报秦王者,国小,力不能。其后秦日出兵山东以伐齐、楚、三晋,稍蚕食诸侯②,且至于燕③。燕君臣皆恐祸之至。太子丹患之,问其傅鞠武。武对曰:"秦地遍天下,威胁韩、魏、赵氏。北有甘泉、谷口之固,南有泾、渭之沃,擅巴、汉之饶④,右陇、蜀之山,左关、崤之险,民众而士厉⑤,兵革有余。意有所出,则长城之南,易水以北,未有所定也。奈何以见陵之怨⑥,欲批其逆鳞哉⑦!"丹曰:"然则何由?"对曰:"请入图之。"

【注释】

　　①会:适逢,正赶上。质:做人质。
　　②稍:逐渐。
　　③且:将。

④擅:拥有,据有。

⑤士厉:士兵勇猛。厉,磨炼。

⑥见陵:被欺凌。

⑦批:触动,触犯。逆鳞:传说中龙喉下生有倒鳞,触及倒鳞,龙即发怒,此喻暴君发怒。

【译文】

过了不久,适逢在秦国做人质的燕太子丹逃回燕国。燕太子丹,过去曾在赵国做人质,而秦王嬴政出生在赵国,他少年时和太子丹要好。等到嬴政被立为秦王,太子丹又到秦国做人质。秦王对待燕太子丹不友好,所以太子丹因怨恨而逃回来。回国后就寻求报复秦王的办法,燕国弱小,力不能及。此后秦国天天出兵山东,攻打齐、楚和三晋,像蚕吃桑叶一样,逐渐地侵吞各国,战火将波及燕国。燕国君臣唯恐大祸临头。太子丹为此忧虑,请教他的老师鞠武。鞠武回答说:"秦国的土地遍天下,威胁到韩国、魏国、赵国。它北面有甘泉、谷口那样险要的地势,南面有泾水、渭水流域那样肥沃的土地,据有富饶的巴郡、汉中地区,右边有陇、蜀崇山峻岭为屏障,左边有崤山、函谷关做要塞,人口众多而士兵训练有素,武器装备绰绰有余。有意图向外扩张,那么长城以南,易水以北就没有安稳的地方了。为什么您还因为被欺侮的怨恨,要去触动秦王的逆鳞呢!"太子丹说:"既然如此,那么我们怎么办呢?"鞠武回答说:"让我仔细考虑考虑。"

【原文】

居有间,秦将樊於期得罪于秦王,亡之燕,太子受而舍之①。鞠武谏曰:"不可。夫以秦王之暴而积怒于燕,足为寒心②,又况闻樊将军之所在乎?是谓'委肉当饿虎之蹊'也③,祸必不振矣④!虽有管、晏,不能为

131

之谋也。愿太子疾遣樊将军入匈奴以灭口⑤。请西约三晋，南连齐、楚，北购于单于⑥，其后乃可图也。"太子曰："太傅之计，旷日弥久，心惛然⑦，恐不能须臾。且非独于此也，夫樊将军穷困于天下，归身于丹，丹终不以迫于强秦而弃所哀怜之交，置之匈奴。是固丹命卒之时也，愿太傅更虑之。"鞠武曰："夫行危欲求安，造祸而求福，计浅而怨深，连结一人之后交⑧，不顾国家之大害，此所谓'资怨而助祸'矣。夫以鸿毛燎于炉炭之上⑨，必无事矣。且以雕鸷之秦⑩，行怨暴之怒，岂足道哉！燕有田光先生，其为人智深而勇沉⑪，可与谋。"太子曰："愿因太傅而得交于田先生，可乎？"鞠武曰："敬诺。"出见田先生道："太子愿图国事于先生也。"田光曰："敬奉教。"乃造焉⑫。

【注释】

①舍之：收容下来。

②寒心：提心吊胆。

③委：抛弃。蹊：路口。

④不振：不可挽救。

⑤灭口：消除某事的借口。

⑥购：通"媾"，媾和。

⑦惛然：忧闷烦乱。

⑧后交：新交。

⑨鸿毛：大雁的羽毛。炉：烧。

⑩雕鸷：两类凶猛的禽鸟，喻秦国之凶残。

⑪勇沉：勇气潜于内心。

⑫造：拜访。

　　过了些时候,秦将樊於期得罪了秦王,逃到燕国,太子接纳了他,并让他住下来。鞠武规劝说:"不行。秦王本来就很凶暴,再积怒于燕国,已够可怕的了,又何况他听到樊将军住在这里呢? 这叫作'把肉放置在饿虎经过的小路上'啊,祸患是不可挽救了! 即使有管仲、晏婴,也不能为您出谋划策了。希望您赶快送樊将军到匈奴去,以消除秦国攻打我们的借口。请您向西与三晋结盟,向南联络齐、楚,向北与单于和好,然后才可以想办法对付秦国。"太子丹说:"老师的计划,需要的时间太长了,我的心里忧闷烦乱,恐怕连片刻也等不及了。不仅如此,樊将军在天下已是穷途末路,投奔于我,我总不能因为迫于强暴的秦国而抛弃我所哀怜的朋友,把他送到匈奴去。这应当是我生命完结的时刻,希望老师另想别的办法。"鞠武说:"选择危险的行动想求得安全,制造祸患而祈请幸福,计谋浅薄而怨恨深重,为了结交一个新朋友,而不顾国家的大祸患,这就是所谓'积蓄仇怨而助长祸患'了。拿大雁的羽毛放在炉炭上一下子就烧光了。何况是雕鸷一样凶猛的秦国,对燕国发泄仇恨残暴的怒气,难道用得着说吗! 燕国有一位田光先生,他这个人智谋深邃而勇敢沉着,可以和他商量。"太子说:"希望通过老师而得以结交田先生,可以吗?"鞠武说:"遵命。"鞠武便出去拜会田先生,说:"太子希望跟田先生一同谋划国事。"田光说:"谨领教。"就前去拜访太子。

　　太子逢迎,却行为导[①],跪而蔽席[②]。田光坐定,左右无人,太子避席而请曰[③]:"燕、秦不两立,愿先生留意也。"田光曰:"臣闻骐骥盛壮之时[④],一日而驰千里;至其衰老,驽马先之[⑤]。今太子闻光盛壮之时,不知臣精已消亡矣。虽然,光不敢以图国事,所善荆卿可使

133

也。"太子曰："愿因先生得结交于荆卿,可乎?"田光曰："敬诺。"即起,趋出。太子送至门,戒曰⑥："丹所报,先生所言者,国之大事也,愿先生勿泄也!"田光俯而笑曰："诺。"偻行见荆卿,曰："光与子相善,燕国莫不知。今太子闻光壮盛之时,不知吾形已不逮也⑦,幸而教之曰'燕、秦不两立,愿先生留意也'。光窃不自外,言足下于太子也。愿足下过太子于宫。"荆轲曰："谨奉教。"田光曰："吾闻之,长者为行,不使人疑之。今太子告光曰'所言者,国之大事也,愿先生勿泄',是太子疑光也。夫为行而使人疑人,非节侠也⑧。"欲自杀以激荆卿,曰："愿足下急过太子,言光已死,明不言也。"因遂自刎而死。

【注释】

①却行为导:(太子)倒退着走,为(田光)引路。

②蔽:拂拭,掸。

③避席:离开座席请教,以示敬意。

④骐骥:良马。

⑤驽马:劣马。

⑥戒:同"诫",嘱托。

⑦不逮:不及。

⑧节侠:有节操、讲义气的侠士。

【译文】

太子上前迎接,倒退着走为田光引路,跪下来拂拭座位给田光让座。田光坐稳后,左右没别人,太子离开自己的座席向田光请教说:"燕国与秦国誓不两立,希望先生留意。"田光说:"我听说骐骥盛壮的时候,一日可奔驰千里;等到它衰老了,就是劣等马也能跑到它的前边。现在太子光听说我盛壮之年的情景,却不知道我精力已衰竭了。虽然如此,我不能冒昧地谋划国事,我的好朋友荆卿可以差遣。"太子说:"希望能通过先生和荆卿结交,可以吗?"田光说:"遵命。"于是即刻起身,急忙出去了。太子送到门口,告诫说:"我所讲的,先生所说的,是国家的大事,希望先生不要泄露!"田光俯下身去笑着说:"是。"田光弯腰驼背地走着去见荆卿,说:"我和您彼此要好,燕国没有谁不知道。如今太子听说我盛壮之年时的情景,却不知道我的身体已力不从心了,我荣幸地听他教诲说:'燕国、秦国誓不两立,希望先生留意。'我私下和您不见外,已把您介绍给太子。希望您前往宫中拜访太子。"荆轲说:"谨领教。"田光说:"我听说,年长老成的人行事,不能让别人怀疑他。如今太子告诫我说'所说的,是国家大事,希望先生不要泄露',这是太子怀疑我。一个人的行为如果让别人怀疑他,他就不算是有节操、讲义气的人。"他要用自杀来激励荆卿,说:"希望您立即去见太子,就说我已死,表明我不会泄露机密。"于是就刎颈自杀了。

【原文】

荆轲遂见太子,言田光已死,致光之言[①]。太子再拜而跪,膝行流涕,有顷而后言曰:"丹所以诫田先生毋言者,欲以成大事之谋也。今田先生以死明不言,岂丹之心哉!"荆轲坐定,太子避席顿首曰:"田先生不知丹之不肖,使得至前,敢有所道,此天之所以哀燕而不弃其孤也。今秦有贪利之心,而欲不可足也。非尽天下之地,臣海内之王者[②],其意不厌[③]。今秦已虏韩王,尽纳其地。又举兵南伐楚,北临赵。王翦将数十万之众距漳、邺,而李信出太原、云中。赵不能支秦,必入臣[④],入臣则祸至燕。燕小弱,数困于兵,今计举国不足以当秦。诸侯服秦,莫敢合从。丹之私计愚,以为诚得天下之勇士使于秦,窥以重利⑤,秦王贪,其势必得所愿矣。诚得劫秦王,使悉反诸侯侵地,若曹沫之与齐桓公,则大善矣;则不可⑥,因而刺杀之。彼秦大将擅兵于外而内有乱,则君臣相疑,以其间诸侯得合从,其破秦必矣。此丹之上愿,而不知所委命,唯荆卿留意焉。"久之,荆轲曰:"此国之大事也,臣驽下⑦,恐不足任使。"太子前顿首,固请毋让⑧,然后许诺。于是尊荆卿为上卿,舍上舍。太子日造门下,供太牢具⑨,异物间进,车骑美女恣荆轲所欲⑩,以顺适其意。

【注释】

①致:转达。

②臣:使之臣服,称臣。

③厌:同"餍",满足。

④入臣:前往秦国称臣。

⑤窥:示,引诱。

⑥则:倘若。

⑦驽下:才智低下,此系谦辞。

⑧让:推辞。

⑨太牢:牛、羊、猪三牲各一头谓太牢,是古代祭祀的重礼。此借指备办宴席招待荆轲。

⑩恣:听任,放纵。

【译文】

荆轲于是便去会见太子,告诉他田光已死,转达了田光的话。太子拜了两拜跪下去,跪着前进,痛哭流涕,过了一会说:"我之所以告诫田先生不要讲,是想要保证大事的谋划得以成功。如今田先生用死来表明他不会说出去,这哪里是我的初衷呢!"荆轲坐稳,太子离开座位以头叩地说:"田先生不知道我不上进,使我能够到您跟前,不揣冒昧地有所陈述,这是上天哀怜燕国,不抛弃我啊。如今秦王贪得无厌,而他的欲望是不会满足的。不占尽天下的土地,不降服各国的君王,他的野心是不会满足的。如今秦国已俘虏了韩王,占领了他的全部领土。他又出动军队向南攻打楚国,向北逼近赵国。王翦率领几十万大军抵达漳水、邺县一带,而李信出兵太原、云中。赵国抵挡不住秦军,一定会向秦国臣服;赵国一臣服,那么灾祸就降临到燕国。燕国弱小,多次被战争所困扰,如今估计,调动全国的力量也不能够抵挡秦军。各国畏服秦国,没有谁敢提倡合纵政策。我私下有个不成熟的计策,认为如果真能得到天下的勇士,派往秦国,用重利诱惑秦王,秦王贪婪,其情势一定能达到我们的愿望。果真能够劫持秦王,让他全部归还侵占各国的土地,像曹沫劫持齐桓公那样,那就太好了;如果不行,就趁势杀死他。他们秦国的大将在国外独揽兵权,而国内出了乱子,那么君臣互相猜疑,趁此机会,各国得以联合起来,就一定能够打败秦国。这是我最高的愿望,但不知道把这使命委托给谁,希望荆卿仔细地考虑这件事。"过了好一会儿,荆轲说:"这是国家的大事,我的才能低劣,恐怕不能胜任。"太子上前以头叩地,坚决请求不要推托,而后荆轲答应了。当时太子就尊奉荆卿为上卿,住进上等的宾馆。太子天天到荆轲的住所去问候,供给贵重的饮食,时不时地还献上奇珍异物,车马美女任荆轲随心所欲,以便满足他的心意。

【原文】

久之,荆轲未有行意。秦将王翦破赵,虏赵王,尽收入其地,进兵北略地至燕南界。太子丹恐惧,乃请荆轲曰:"秦兵旦暮渡易水^①,则虽欲长侍足下,岂可得哉!"荆轲曰:"微太子言^②,臣愿谒之^③。今行而毋信,则秦未可亲也。夫樊将军,秦王购之金千斤,邑万家。

诚得樊将军首与燕督亢之地图,奉献秦王,秦王必说见
臣,臣乃得有以报。"太子曰:"樊将军穷困来归丹,丹不
忍以己之私而伤长者之意,愿足下更虑之!"

【注释】

①旦暮:早晚,喻时间短暂。
②微:无,没有。
③谒:提出请求。

【译文】

　　过了很久,荆轲仍没有行动的表示。这时,秦将王翦已攻破赵国的
都城,俘虏了赵王,把赵国的领土全部纳入秦国的版图。大军挺进,向北
夺取土地,直抵燕国南部边界。太子丹害怕了,于是请求荆轲说:"秦国
军队早晚之间就要横渡易水,那时即使我想要长久地侍奉您,怎么能办
得到呢!"荆轲说:"太子就是不说,我也要请求行动了。现在到秦国去,
没有让秦王相信我的东西,那么秦王就不可以接近。那樊将军,秦王以
黄金千斤、封邑万户来悬赏他的脑袋。果真得到樊将军的脑袋和燕国督
亢的地图,进献给秦王,秦王一定高兴接见我,这样我才能够有机会报效
您。"太子说:"樊将军到了穷途末路才来投奔我,我不忍心为自己的私
利而伤害这位长者的心,希望您考虑别的办法!"

【原文】

　　荆轲知太子不忍,乃遂私见樊於期曰:"秦之遇将
军可谓深矣①,父母宗族皆为戮没②。今闻购将军首金
千斤,邑万家,将奈何?"於期仰天太息流涕曰:"於期每
念之,常痛于骨髓,顾计不知所出耳③!"荆轲曰:"今有
一言可以解燕国之患,报将军之仇者,何如?"於期乃前

曰："为之奈何?"荆轲曰："愿得将军之首以献秦王,秦王必喜而见臣,臣左手把其袖,右手揕其匈④,然则将军之仇报而燕见陵之愧除矣。将军岂有意乎?"樊於期偏袒搤捥而进曰⑤:"此臣之日夜切齿腐心也⑥,乃今得闻教!"遂自刭。太子闻之,驰往,伏尸而哭,极哀。既已不可奈何,乃遂盛樊於期首函封之⑦。

【注释】

①遇:此指秦王对樊於期的迫害。深:残酷,刻毒。

②戮:杀死。没:没入官府为奴婢。

③顾:只是,但。

④揕(zhèn):刺杀。匈:同"胸",胸膛。

⑤偏袒搤捥:脱下右边衣袖,露出臂膀,左手紧握右腕,以示极度激愤。搤,同"扼",掐住,捉住。捥,同"腕"。

⑥切齿腐心:咬牙切齿,愤恨得连心都碎了。

⑦函封:装入匣子,封存起来。

【译文】

荆轲明白太子不忍心,就私下会见樊於期说:"秦国对待将军可说是非常残酷了,父母、家族都被杀尽。如今听说用黄金千斤、封邑万户悬赏将军的首级,您打算怎么办呢?"於期仰望苍天,叹息流泪说:"我每每想到这些,就痛入骨髓,却想不出办法来!"荆轲说:"现在我有一句话可解除燕国的祸患,洗雪将军的仇恨,怎么样?"於期凑向前说:"怎么办?"荆轲说:"希望得到将军的首级献给秦王,秦王一定会高兴地召见我,我左手抓住他的衣袖,右手用匕首直刺他的胸膛,那么将军的仇恨可以洗雪,而燕国被欺凌的耻辱也可以涤除。将军是否有这个心意呢?"樊於期脱掉一边衣袖,露出臂膀,一只手紧紧握住另一只手腕,走近荆轲说:"这是我日日夜夜切齿碎心的仇恨,如今才听到您的教诲!"于是就自刎了。太子听到这个消息,驾车奔驰前往,趴在尸体上痛哭,十分悲哀。已没法挽回,于是就把樊於期的首级装到匣子里密封起来。

【原文】

于是太子豫求天下之利匕首①,得赵人徐夫人匕首,取之百金,使工以药淬之②,以试人,血濡缕,人无不立死者。乃装为遣荆卿③。燕国有勇士秦舞阳,年十三,杀人,人不敢忤视④。乃令秦舞阳为副。荆轲有所待,欲与俱;其人居远未来,而为治行⑤。顷之,未发,太子迟之,疑其改悔,乃复请曰:"日已尽矣!荆卿岂有意哉?丹请得先遣秦舞阳。"荆轲怒,叱太子曰:"何太子之遣?往而不返者,竖子也!且提一匕首入不测之强秦,仆所以留者,待吾客与俱,今太子迟之,请辞决矣⑥!"遂发。

【注释】

①豫求:预先访求。
②以药淬之:把烧红的匕首放到毒汁里浸染。
③装:行装。
④忤:逆,抵触。
⑤治行:整治行装。
⑥辞决:告别。决,同"诀"。

【译文】

当时太子已预先寻找天下最锋利的匕首,找到赵国人徐夫人的匕首,花了百镒黄金买下它,让工匠用毒水淬它,用人试验,只要见一丝儿血,没有不立即死的。于是就准备行装,送荆轲出发。燕国有位勇士叫秦舞阳,十三岁上就杀人,别人都不敢正面对着看他。于是就派秦舞阳做助手。荆轲等待一个人，打算一道出发；那个人住得很远，还没赶到，而荆轲已替那个人准备好了行装。又过了些日子，荆轲还没有出发，太子认为他拖延时间，怀疑他反悔，就再次促请说："日子不多了，荆卿有动身的打算吗？请允许我派遣秦舞阳先行。"荆轲发怒，斥责太子道："太子这样派遣是什么意思？只顾去而不顾完成使命回来，那是没出息的小子！况且是拿一把匕首进入难以测度的强暴的秦国，我之所以暂留的原因，是等待另一位朋友同去。眼下太子认为我拖延了时间，那就告辞诀别吧！"便出发了。

【原文】

　　太子及宾客知其事者，皆白衣冠以送之。至易水之上，既祖①，取道②，高渐离击筑，荆轲和而歌，为变徵之声③，士皆垂泪涕泣。又前而为歌曰："风萧萧兮易水寒，壮士一去兮不复还！"复为羽声慷慨④，士皆瞋目，发尽上指冠。于是荆轲就车而去，终已不顾。

【注释】

①祖：祭祀路神，饯行。

②取道：上路。

③变徵(zhǐ)之声：古乐音分宫、商、角、变徵、徵、羽、变宫七调，变徵调苍凉、凄婉，宜放悲声。

④羽声：音调高亢，声音慷慨激昂。

【译文】

　　太子及宾客中知道这件事的，都穿着白衣戴着白帽去为荆轲送行。到易水岸边，祭了路神，然后上路，高渐离击筑，荆轲和着节拍唱歌，发出苍凉凄婉的声调，送行的人都流泪哭泣。又一边前进一边唱道："风萧萧兮易水寒,壮士一去兮不复还!"复又发出慷慨激昂的声调,送行的人们都怒目圆睁,头发直竖,把帽子都顶起来。于是荆轲就上车走了,始终连头也不回。

【原文】

　　遂至秦,持千金之资币物,厚遗秦王宠臣中庶子蒙嘉①。嘉为先言于秦王曰:"燕王诚振怖大王之威②,不敢举兵以逆军吏,愿举国为内臣,比诸侯之列③,给贡职如郡县,而得奉守先王之宗庙。恐惧不敢自陈,谨斩樊於期之头,及献燕督亢之地图,函封,燕王拜送于庭,使使以闻大王,唯大王命之。"秦王闻之,大喜,乃朝服,设九宾④,见燕使者咸阳宫。

【注释】

　　①遗:赠送。

　　②振怖:内心恐惧。

　　③比:排列。

　　④九宾:外交上极其隆重的礼仪,由傧相九人依次接引上殿。

【译文】

　　一到秦国,荆轲带着价值千金的礼物,厚赠秦王宠幸的臣子中庶子蒙嘉。蒙嘉替荆轲先在秦王面前说:"燕王实在被大王的威严震慑得心惊胆战,不敢出兵抗拒大王的将士,情愿全国上下做秦国的臣子,比照其他诸侯排列其中,像直属郡县一样交纳贡物和赋税,使得以奉守先王的宗庙。因为慌恐畏惧不敢亲自前来陈述,谨此砍下樊於期的首级并献上燕国督亢地区的地图,用匣子密封,燕王还在朝廷上举行了拜送仪式,派出使臣把情况禀明大王,敬请大王指示。"秦王听到这个消息,非常高兴,就穿上了礼服,安排了外交上极为隆重的九宾仪式,在咸阳宫召见燕国的使者。

【原文】

荆轲奉樊於期头函,而秦舞阳奉地图匣,以次进。至陛,秦舞阳色变振恐,群臣怪之。荆轲顾笑舞阳,前谢曰:“北蕃蛮夷之鄙人,未尝见天子,故振慑①。愿大王少假借之②,使得毕使于前。”秦王谓轲曰:“取舞阳所持地图。”轲既取图奏之秦王,发图③,图穷而匕首见④。因左手把秦王之袖,而右手持匕首揕之。未至身,秦王惊,自引而起,袖绝。拔剑,剑长,操其室⑤。时惶急,剑坚,故不可立拔。荆轲逐秦王,秦王环柱而走。群臣皆愕,卒起不意,尽失其度⑥。而秦法,群臣侍殿上者不得持尺寸之兵;诸郎中执兵皆陈殿下,非有诏召不得上。方急时,不及召下兵,以故荆轲乃逐秦王。而卒惶急,无以击轲,而以手共搏之。是时侍医夏无且以其所奉药囊提荆轲也⑦。秦王方环柱走,卒惶急,不知所为,左右乃曰:“王负剑!”负剑,遂拔以击荆轲,断其左股。荆轲废,乃引其匕首以掷秦王,不中,中桐柱。秦王复击轲,轲被八创。轲自知事不就,倚柱而笑,箕踞以骂曰⑧:“事所以不成者,以欲生劫之,必得约契以报太子也。”

【注释】

①振慑:惊恐畏惧。

②假借:宽容。

③发图:展开地图。

143

④穷:尽。见:同"现",出现。

⑤室:剑鞘。

⑥度:常态。

⑦提:打,投击。

⑧箕踞:伸开两脚坐于地,如同簸箕。

【译文】

　　荆轲捧着樊於期的首级,秦舞阳捧着地图匣子,按次序前进。走到殿前台阶下,秦舞阳脸色突变,害怕得发抖,大臣们都感到奇怪。荆轲回头朝秦舞阳笑笑,上前谢罪说:"北方藩属蛮夷之地的粗野之人,没有见过天子,所以心惊胆颤。希望大王稍微宽容他,让他能够在大王面前完成使命。"秦王对荆轲说:"递上舞阳拿的地图。"荆轲取过地图献上,秦王展开地图,图卷展到尽头,匕首露出来。荆轲趁机左手抓住秦王的衣袖,右手拿着匕首直刺。还未近身,秦王大惊,自己抽身跳起,衣袖挣断。慌忙抽剑,剑太长,只是抓住剑鞘。一时惊慌急迫,剑又套得很紧,所以不能立刻拔出。荆轲追赶秦王,秦王绕柱奔跑。大臣们吓得发呆,突然发生意外事变,大家都失去常态。而秦国的法律规定,殿上侍从的大臣不允许携带任何兵器;各位侍卫武官也只能拿着武器都依序守卫在殿外,没有皇帝的命令,不准进殿。正当危急时刻,来不及传唤下边的侍卫官兵,因此荆轲能够追赶秦王。仓促之间,惊慌急迫,没有用来攻击荆轲的武器,只能赤手空拳和荆轲搏击。这时,侍从医官夏无且用他所捧的药袋投击荆轲。秦王正围着柱子跑,仓猝惊惶之际,不知如何是好,侍从们喊道:"大王,把剑推到背后!"秦王把剑推到背后,才拔出宝剑攻击荆轲,砍断他的左腿。荆轲残废,就举起他的匕首直接投刺秦王,没有击中,却击中了铜柱。秦王接连攻击荆轲,荆轲被刺伤八处。荆轲知道大事不能成功了,就倚在柱子上大笑,张开两腿坐在地上骂道:"大事之所以没能成功,是因为我想劫持你,迫使你订立归还诸侯们土地的契约去回报太子。"

144

【原文】

　　于是左右既前杀轲,秦王不怡者良久^①。已而论功,赏群臣及当坐者各有差^②,而赐夏无且黄金二百溢^③,曰:"无且爱我,乃以药囊提荆轲也。"

【注释】

　　①不怡:不愉快。
　　②坐:治罪,办罪。
　　③溢:通"镒",重量单位。

【译文】

　　这时侍卫们冲上前来杀死荆轲,而秦王也不高兴了好一会儿。过后评论功过,赏赐群臣以及处置应当办罪的官员都各有差别,赐给夏无且黄金二百镒,说:"无且爱我,才用药袋投击荆轲啊。"

【原文】

　　于是秦王大怒,益发兵诣赵^①,诏王翦军以伐燕。十月而拔蓟城。燕王喜、太子丹等尽率其精兵东保于辽东。秦将李信追击燕王急,代王嘉乃遗燕王喜书曰:"秦所以尤追燕急者,以太子丹故也。今王诚杀丹献之秦王,秦王必解,而社稷幸得血食^②。"其后李信追丹,丹匿衍水中,燕王乃使使斩太子丹,欲献之秦。秦复进兵攻之。后五年,秦卒灭燕,虏燕王喜。

【注释】

　　①益:增加。诣:往,到某地去。
　　②社稷幸得血食:国家侥幸能得到保存。

　　于是秦王大怒,增派军队前往赵国,命王翦的军队去攻打燕国,十个月攻克了蓟城。燕王喜、太子丹等率领着全部精锐部队向东退守辽东。秦将李信紧紧地追击燕王,代王赵嘉就写信给燕王喜说:"秦军之所以追击燕军特别急迫,是因为太子丹。现在您如果杀掉太子丹,把他的人头献给秦王,一定会得到秦王宽恕,而燕国社稷或许能侥幸得到祭祀。"此后李信率军追赶太子丹,太子丹隐藏在衍水河中,燕王就派使者杀了太子丹,准备把他的人头献给秦王。秦王又派兵攻打燕国。此后五年,秦国终于灭掉了燕国,俘虏了燕王喜。

【原文】

　　其明年,秦并天下,立号为皇帝。于是秦逐太子丹、荆轲之客,皆亡。高渐离变名姓为人庸保①,匿作于宋子。久之,作苦,闻其家堂上客击筑,傍徨不能去。每出言曰:"彼有善有不善。"从者以告其主,曰:"彼庸乃知音,窃言是非。"家丈人召使前击筑②,一坐称善,赐酒。而高渐离念久隐畏约无穷时,乃退,出其装匣中筑与其善衣,更容貌而前。举坐客皆惊,下与抗礼③,以为上客。使击筑而歌,客无不流涕而去者。宋子传客之,闻于秦始皇。秦始皇召见,人有识者,乃曰:"高渐离也。"秦皇帝惜其善击筑,重赦之,乃矐其目④,使击筑,未尝不称善。稍益近之。高渐离乃以铅置筑中,复进得近,举筑朴秦皇帝⑤,不中。于是遂诛高渐离,终身不复近诸侯之人。

【注释】

　　①庸保:为人帮工。庸,同"佣"。

146

②家丈人:东家,主人。

③抗礼:用平等的礼节相待。

④曛(huò)其目:弄瞎他的眼睛。曛,熏瞎。

⑤朴:撞击。

【译文】

第二年,秦王吞并了天下,立号为皇帝。下令通缉太子丹和荆轲的门客,门客们都潜逃了。高渐离改名换姓给人家做酒保,隐藏在宋子这个地方做工。时间长了,觉得很劳累,听到主人家堂上有客人击筑,走来走去舍不得离开。常常脱口而出说:"那筑的声调有好的地方,也有不好的地方。"侍候的人把高渐离的话告诉主人,说:"那个庸工懂得音乐,私下评论好坏。"家主人叫高渐离到堂前击筑,满座宾客都说他击得好,赏给他酒喝。高渐离考虑到长期隐姓埋名,担惊受怕地躲藏下去没有尽头,便退下堂来,把自己的筑和衣裳从行装匣子里拿出来,改装整容来到堂前。满座宾客大吃一惊,离开座位用平等的礼节接待他,尊为上宾。请他击筑唱歌,宾客们听了,没有不被感动得流着泪而去的。宋子城里的人轮流请他去做客,这消息被秦始皇听到。秦始皇召令他进见,有认识他的人,就说:"这是高渐离。"秦始皇怜惜他擅长击筑,特别赦免了他的死罪,于是熏瞎了他的眼睛,让他击筑,没有一次不说好。渐渐地更加接近秦始皇。高渐离便将铅放进筑中,再进宫击筑靠近时,举筑撞击秦始皇,没有击中。于是秦始皇就杀掉了高渐离,终身不敢再接近从前六国的人了。

【原文】

鲁句践已闻荆轲之刺秦王,私曰:"嗟乎,惜哉其不讲于刺剑之术也①! 甚矣吾不知人也! 曩者吾叱之,彼乃以我为非人也②!"

①讲:讲究,精通。

②非人:不是同道中人。

【译文】

　　鲁句践听到荆轲行刺秦王的事,私下说:"唉,太可惜啦,他不讲究刺剑的技术啊!我太不了解这个人了!当初我呵斥过他,他就以为我不是同路人了!"

【原文】

　　太史公曰:世言荆轲,其称太子丹之命,"天雨粟,马生角"也①,太过。又言荆轲伤秦王,皆非也。始公孙季功、董生与夏无且游,具知其事,为余道之如是。自曹沫至荆轲五人,此其义或成或不成②,然其主意较然③,不欺其志④,名垂后世,岂妄也哉!

【注释】

①天雨粟,马生角:此系传说中天助燕太子丹的故事,据《燕丹子》载:"丹求归,秦王曰:'乌头白,马生角,乃许耳。'丹乃仰天长叹,乌头即白,马亦生角。"雨,下雨。

②义:义举,此指行刺之举。

③较:通"皎",洁白。

④欺:违背。志:志向,此指刺客们所行之义。

【译文】

　　太史公说:世间谈论荆轲,当说到太子丹的命运时,说什么"天上像下雨一样落下谷子来,马头上长出角来!"这太过分了。又说荆轲刺伤了秦王,这都不是事实。当初公孙季功、董先生和夏无且交游,都知道这件事,他们告诉我的就像我记载的。从曹沫到荆轲五个人,他们的侠义之举有的成功,有的不成功,但他们的志向意图都很清楚明白,都没有违背自己的良心,声名流传到后代,这难道是虚妄的吗?

樊郦滕灌列传

　　本传是汉初开国功臣樊哙、郦商、夏侯婴、灌婴四人合传。舞阳侯樊哙不仅在秦末战争中多次率先登城,立功扬名;更于鸿门宴中护驾沛公,建立奇功。曲周侯郦商早年在秦末反秦之战与楚汉之争中攻城拔塞,汉兴之后又在平定吴、楚、齐、赵诸异姓王中立下功绩。汝阴侯夏侯婴更是有功于汉两代君王,他早年与刘邦过从甚密,秦末战争中助刘邦率先入关攻破咸阳,下邑之战中载救刘邦之子孝惠帝、女鲁元公主于危难之中;吕后驾崩后,又废少帝,迎立高祖之子文帝。颍阴侯灌婴不仅在西汉开创过程中建立奇功,后来又诛诸吕,安刘姓。此四人,皆起自寒微,秦末追随高祖起兵,成就一世奇功伟业,故被置于一传,并对他们因时势而显达的命运颇为感慨。

【原文】

　　舞阳侯樊哙者,沛人也。以屠狗为事,与高祖俱隐。

　　初从高祖起丰,攻下沛。高祖为沛公,以哙为舍人。从攻胡陵、方与,还守丰,击泗水监丰下,破之。复东定沛,破泗水守薛西。与司马𡰣战砀东,却敌①,斩首十五级,赐爵国大夫。常从,沛公击章邯军濮阳,攻城先登,斩首二十三级,赐爵列大夫。复常从,从攻城阳,先登。下户牖②,破李由军,斩首十六级,赐上间爵。从攻围东郡守尉于成武,却敌,斩首十四级,捕虏十一人,赐爵五大夫。从击秦军,出亳南。河间守军于杠里,破之。击破赵贲军开封北,以却敌先登,斩侯一人③,首六十八级,捕虏二十七人,赐爵卿。从攻破杨熊军于曲遇。攻宛陵,先登,斩首八级,捕虏四十四人,赐爵封号贤成君。从攻长社、辕辕,绝河津④,东攻秦军于尸,南攻秦军于犨。破南阳守齮于阳城。东攻宛城,先登。西至郦,以却敌,斩首二十四级,捕虏四十人,赐重封。攻武关,至霸上,斩都尉一人,首十级,捕虏百四十六人,降卒二千九百人。

【注释】

①却敌:杀退敌军。

②下:攻克,攻占。

③侯:军侯,军中负责侦察敌情的军官。

④绝:封锁。河津:指黄河的重要渡口平阴津。

【译文】

舞阳侯樊哙,沛县人。以杀狗卖狗肉为生,为了避祸,曾和汉高祖一起隐藏在乡间。

当初,樊哙跟从高祖在丰邑起兵,攻取了沛县。高祖做了沛公,就用樊哙做舍人。接着,他随沛公攻打胡陵、方与,回过头来又镇守丰邑,在丰邑一带击败了泗水郡郡监的军队。再次平定沛县,在薛县西部,击败了泗水郡守的军队。在砀县东面,樊哙与章邯的部下司马尸交锋,击退敌军,斩敌首十五级,被赐爵为国大夫。樊哙经常随在沛公身边,沛公在濮阳攻打章邯的军队,攻城时樊哙率先登城。斩首二十三级,被赐爵为列大夫。他随沛公攻打城阳，又是率先登城。同时还攻下了户牖，打败了秦将李由的军队，斩首十六级，被赐上间爵。在成武，樊哙随沛公围住了东郡守尉，击退敌军，斩首十四级，俘虏十一人，被赐爵五大夫。跟随沛公袭击秦军，出兵亳南，在杠里击败了河间郡守的军队。在开封以北又大败赵贲的军队，因为在战斗中英勇杀敌，率先登城，杀死一个侦察兵的头目，斩首六十八级，俘虏二十七人，被赐卿爵。在曲遇，跟随沛公攻破杨熊的军队。攻宛陵时，率先登城，斩首八级，俘虏四十四人，被赐爵，封号贤成君。随沛公攻打长社、轘辕，断绝了黄河渡口，向东攻打尸一带的秦军，又向南攻打犨邑的秦军。在阳城打垮了南阳郡郡守吕齮的军队。向东攻打宛城，率先登城。再向西攻郦县，樊哙因为击退敌军，斩首二十四级，俘虏四十人，沛公对他再加封赏。进军武关，来到霸上，杀秦都尉一人，斩首十级，俘虏一百四十六人，收降士卒两千九百人。

【原文】

项羽在戏下，欲攻沛公。沛公从百余骑因项伯面见项羽①，谢无有闭关事。项羽既飨军士②，中酒③，亚父谋欲杀沛公④，令项庄拔剑舞坐中，欲击沛公，项伯常屏蔽之。时独沛公与张良得入坐，樊哙在营外，闻事急，乃持铁盾入到营。营卫止哙，哙直撞入，立帐下。项羽目之，问为谁。张良曰："沛公参乘樊哙。"项羽曰："壮士！"赐之卮酒彘肩⑤。哙既饮酒，拔剑切肉食，尽之。项羽曰："能复饮乎？"哙曰："臣死且不辞，岂特卮酒乎！且沛公先入定咸阳，暴师霸上⑥，以待大王。大王今日至，听小人之言，与沛公有隙，臣恐天下解⑦，心疑大王也。"项羽默然。沛公如厕，麾樊哙去⑧。既出，沛公留车骑，独骑一马，与樊哙等四人步从，从间道山

152

下归走霸上军,而使张良谢项羽。项羽亦因遂已,无诛沛公之心矣。是日微樊哙奔入营诮让项羽⑨,沛公事几殆⑩。

【注释】

①因:通过。

②飨:用酒肉犒赏军士。

③中酒:酒兴正浓之际。

④亚父:指谋臣范增,此系项羽对他的尊称。

⑤卮(zhī):一种盛酒器皿,圆形。彘肩:猪前腿。

⑥暴(pù)师:指军队露宿。

⑦解:解体,分裂。

⑧麾:同"挥",挥手招呼。

⑨微:非,没有。诮让:谴责,责备。

⑩殆:危险。

【译文】

项羽驻军戏下,准备进攻沛公。沛公带领一百多骑兵来到项营,通过项伯的关系面见项羽,向项羽谢罪,说明并没有封锁函谷关的事。项羽设宴犒赏军中将士,正在大家喝得似醉非醉时,亚父范增想谋杀沛公,命项庄在席前舞剑,想乘机击杀沛公,而项伯却一再挡在沛公的前面。这时只有沛公和张良在酒席宴中,樊哙在大营之外,听说事情紧急,就手持铁盾牌来到大营前。守营卫士阻挡樊哙,樊哙径直撞了进去,站立在帐下。项羽注视着他,问他是谁。张良说:"他是沛公的参乘樊哙。"项羽称赞道:"真是个壮士!"说罢,就赏给他一大碗酒和一只猪肘。樊哙一饮而尽,然后拔出宝剑切开猪腿,把它全部吃了下去。项羽问他:"还能再喝一碗酒吗?"樊哙说道:"我连死都不怕,难道还在乎一碗酒吗!况且我们沛公首先进入并平定咸阳,露宿霸上,以等待您的到来。大王您今天一到这里,就听信了小人的胡言乱语,跟沛公有了隔阂,我担心天下从此又要四分五裂,百姓们都怀疑您啊!"项羽听罢,沉默不语。沛公借口要去上厕所,暗示樊哙一同离去。出营之后,沛公把随从车马留下,独自骑一匹马,让樊哙等四个人步行跟随,从一条山间小路跑回霸上的军营,叫张良代替自己向项羽辞谢。项羽也就至此了事,没有诛杀沛公的念头了。这天若不是樊哙闯进大营谴责项羽的话,沛公的事业几乎就完了。

【原文】

明日,项羽入屠咸阳。立沛公为汉王。汉王赐哙爵为列侯,号临武侯。迁为郎中,从入汉中。

还定三秦,别击西丞白水北①,雍轻车骑于雍南②,破之。从攻雍、𤗊城,先登。击章平军好畤,攻城,先登陷阵,斩县令丞各一人,首十一级,虏二十人,迁郎中骑将。从击秦车骑壤东,却敌,迁为将军。攻赵贲,下郿、槐里、柳中、咸阳;灌废丘,最③。至栎阳,赐食邑杜之樊乡。从攻项籍,屠煮枣。击破王武、程处军于外黄。攻邹、鲁、瑕丘、薛。项羽败汉王于彭城,尽复取鲁、梁地。哙还至荥阳,益食平阴二千户,以将军守广武。一岁,项羽引而东。从高祖击项籍,下阳夏,虏楚周将军卒四千人。围项籍于陈,大破之,屠胡陵。

【注释】

①西丞:西县县丞。
②雍:前一个"雍"字指雍王章邯。后一个"雍"字指雍县。
③最:功劳最大。

【译文】

第二天,项羽带领军队进入咸阳,大肆烧杀,立沛公为汉王。汉王也就封樊哙为列侯,号临武君。后又提升郎中,随汉王进入汉中。

当汉王回军平定三秦时,樊哙单独带兵在白水北面攻打西县县丞的军队,又在雍县之南攻打雍王章邯的轻车骑兵,都打败了他们。跟从汉王攻打雍县、䴔县,率先登城。在好畤攻打章平的军队,攻城时樊哙又先登城,带头冲锋陷阵,斩杀县令、县丞各一人,斩首十一级,俘虏二十人,升任郎中骑将。随汉王在壤东攻打秦军的车骑部队,击退敌人的进攻,升任将军。在进攻赵贲的军队时,攻取郿县、槐里、柳中、咸阳;引水灌废丘的敌军,樊哙的功劳都最大。到了栎阳,汉王把杜陵的樊乡赐给樊哙当作食邑。随汉王进攻项羽,血洗了煮枣。在外黄,击败了王武、程处所带领的部队。接着又先后攻打邹县、鲁城、瑕丘和薛县。项羽在彭城把汉王打得大败,全部收复了鲁、梁地区。樊哙回军到荥阳,汉王又给他增加了平阴两千户作为他的食邑,以将军的身份守卫广武。一年之后,项羽带兵东去。樊哙又跟从汉王攻打项羽,攻取了阳夏,俘虏了楚国周将军的士卒四千人。樊哙把项羽围困在陈县,把他打得大败,血洗了胡陵。

【原文】

项籍既死,汉王为帝,以哙坚守战有功,益食八百户。从高帝攻反燕王臧荼,虏荼,定燕地。楚王韩信反,哙从至陈,取信,定楚。更赐爵列侯,与诸侯剖符①,世世勿绝,食舞阳,号为舞阳侯,除前所食。以将军从高祖攻反韩王信于代。自霍人以往至云中,与绛侯等共定之②,益食千五百户。因击陈豨与曼丘臣军,战襄国,破柏人,先登,降定清河、常山凡二十七县,残东垣,迁为左丞相。破得綦毋卬、尹潘军于无终、广昌。破豨别将胡人王黄军于代南。因击韩信军于参合,军所将

155

卒斩韩信。破豨胡骑横谷，斩将军赵既，虏代丞相冯梁、守孙奋、大将王黄、将军太仆解福等十人。与诸将共定代乡邑七十三。其后燕王卢绾反，哙以相国击卢绾，破其丞相，抵蓟南，定燕地，凡县十八，乡邑五十一。益食邑千三百户，定食舞阳五千四百户。从，斩首百七十六级，虏二百八十八人。别^③，破军七，下城五，定郡六，县五十二，得丞相一人，将军十二人，二千石已下至三百石十一人。

【注释】

①剖符：将受封凭证（符）剖分为二，帝王和受封者各执其一，以示信用。

②绛侯：指周勃。

③别：指作为主将单独率军，上文之"从"指跟随刘邦作战。

【译文】

项羽死后，汉王做了皇帝，因樊哙坚守城池和出击作战有功，又加封食邑八百户。樊哙随高祖攻打反叛的燕王臧荼，并俘虏了他，平定了燕地。楚王韩信发动叛乱，樊哙随高祖到陈县，逮捕了韩信，平定了楚地。高祖改赐列侯的爵位，与诸侯剖符为信，世代相传不绝。高祖把樊哙以前的食邑除去，赐食舞阳，称为舞阳侯。樊哙又以将军的身份随高祖前往代地，攻打反叛的韩王信。从霍人一直到云中，都是樊哙和绛侯周勃等人共同平定的，于是又增加食邑一千五百户。后来，樊哙率领人马袭击叛臣陈豨和曼丘臣的军队，在襄国大战，攻取柏人县，率先登城，又降服平定了清河、常山两郡的二十七个县，捣毁了东垣城邑，升任左丞相。在无终、广昌，击破了綦毋卬、尹潘的军队，并活捉了他们二人。在代地南部，击破了陈豨手下的胡人将领王黄所带领的军队。接着，又进军参合，攻打韩王信的军队，他所带领的将士斩杀了韩王信。在横谷，大败陈豨的胡人骑兵部队,斩杀了将军赵既,俘虏了代国丞相冯梁、郡守孙奋、大将军王黄、将军太仆解福等十人。和诸将领共同平定了代地的乡邑七十三个。此后燕王卢绾反叛,樊哙以相国身份带兵攻打卢绾,在蓟县之南击破卢绾丞相所带领的军队,平定了燕地共十八个县,五十一个乡邑。于是高祖又给樊哙增加食邑一千三百户,确定他作为舞阳侯的食邑共五千四百户。樊哙跟从高祖征战时,共斩敌人首级一百七十六个,俘虏敌兵二百八十八人。他自己单独带兵打仗,打垮过七支敌军,攻下过五座城池,平定了六郡、五十二个县,并俘虏过敌人丞相一人,将军十二人,二千石以下到三百石的官员十一人。

【原文】

　　哙以吕后女弟吕婴为妇①,生子伉,故其比诸将最亲。

　　先黥布反时,高祖尝病甚,恶见人,卧禁中,诏户者无得入群臣②。群臣绛、灌等莫敢入。十余日,哙乃排闼直入③,大臣随之。上独枕一宦者卧。哙等见上,流涕曰:"始陛下与臣等起丰沛,定天下,何其壮也!今天下已定,又何惫也!且陛下病甚,大臣震恐,不见臣等计事,顾独与一宦者绝乎④?且陛下独不见赵高之事乎?"高帝笑而起。

【注释】

①女弟:妹妹。

②户者:看守宫门的人。

③排闼:推门。闼,门。

④顾:难道。

樊哙娶了吕后的妹妹吕媭为妻,生下儿子樊伉,因此与其他将领相比,高祖对樊哙更为亲近。

以前在黥布反叛时,高祖曾病得很厉害,他躺在宫禁之中讨厌见人,诏令守门人不得让群臣进去。群臣中如绛侯周勃、灌婴等都不敢进宫。这样过了十多天,樊哙于是推开宫门,径直闯了进去,大臣们紧紧跟随。看到高祖独自枕着一个宦官躺在床上。樊哙等见到皇帝后,痛哭流涕地说:"想当初陛下和我们一道从丰沛起兵,平定天下,那是什么样的壮举啊!而如今天下已安定,您又是何等的疲惫啊!况且陛下病得厉害,大臣们都惊慌失措,您又不肯接见我们这些人来讨论国家大事,难道您只想和一个宦官诀别吗?再说您难道不知道赵高作乱的往事吗?"高祖听罢,笑着起来了。

【原文】

其后卢绾反,高帝使哙以相国击燕。是时高帝病甚,人有恶哙党于吕氏,即上一日宫车晏驾,则哙欲以兵尽诛灭戚氏、赵王如意之属。高帝闻之大怒,乃使陈平载绛侯代将,而即军中斩哙。陈平畏吕后,执哙诣长安。至则高祖已崩,吕后释哙,使复爵邑。

【译文】

后来卢绾谋反,高祖命樊哙以相国的身份去攻打燕国。这时高祖又病得很厉害,有人诋毁樊哙和吕氏结党,说皇上假如有一天驾崩的话,那么樊哙就要带兵把戚夫人和赵王如意这帮人全部杀死。高祖听说之后,勃然大怒,就派陈平用车载着绛侯周勃去代替樊哙,并在军中立刻把樊哙斩首。陈平因惧怕吕后,把樊哙解赴长安。到达长安时,高祖已经驾崩,吕后就释放了樊哙,并恢复了他的爵位和食邑。

【原文】

孝惠六年,樊哙卒,谥为武侯。子伉代侯。而伉母吕媭亦为临光侯。高后时用事专权,大臣尽畏之。伉代侯九岁,高后崩,大臣诛诸吕、吕媭婤属^①,因诛伉。舞阳侯中绝数月。孝文帝既立,乃复封哙他庶子市人为舞阳侯,复故爵邑。市人立二十九岁卒,谥为荒侯。子他广代侯。六岁,侯家舍人得罪他广,怨之,乃上书曰:"荒侯市人病不能为人^②,令其夫人与其弟乱而生他广,他广实非荒侯子,不当代后。"诏下吏。孝景中六年,他广夺侯为庶人,国除。

【注释】

①婤属:通"眷属"。
②为人:此指行人道,即生育能力。

【译文】

惠帝六年时,樊哙死,谥号为武侯。其子樊伉代其侯位。而樊伉的母亲吕媭也被封为临光侯。在高后时,吕媭也掌管政事,十分专断,大臣们都畏惧她。樊伉为侯九年后,吕后驾崩,大臣们诛杀吕氏宗族和吕媭的亲属,因而杀死了樊伉。舞阳侯这个爵位中断好几个月。等到汉文帝即位,这才封樊哙的庶子樊市人为舞阳侯,恢复了原来的爵位和食邑。樊市人在位二十九年死去,谥号为荒侯。其子樊他广继承侯位。六年后,舞阳侯家中舍人得罪了樊他广,非常怨恨他,于是就上书说:"荒侯市人因为有病而丧失生育能力,就让他的夫人和他的弟弟淫乱而生下他广，他广事实上并不是荒侯的儿子，因此不应当继承侯位。"皇上下令把此事交给官吏去审理。汉景帝中元六年，剥夺了樊他广的侯位，降他为平民百姓，封国食邑也一并被废除。

【原文】

　　曲周侯郦商者，高阳人。陈胜起时，商聚少年东西略人，得数千。沛公略地至陈留，六月余，商以将卒四千人属沛公于岐。从攻长社，先登，赐爵封信成君。从沛公攻缑氏，绝河津，破秦军洛阳东。从攻下宛、穰，定十七县。别将攻旬关，定汉中。

【译文】

　　曲周侯郦商，高阳人。陈胜起兵反秦时，他聚集了一伙年轻人四处招兵买马，得到好几千人。沛公攻城夺地来到陈留，过了六个多月，郦商就率领将士四千多人到岐投归沛公。随沛公攻打长社，率先登城，赐爵封为信成君。随沛公攻打缑氏，封锁了黄河渡口，在洛阳东面大破秦军。跟着沛公攻取宛、穰两地，另外又平定了十七个县。自己单独率军攻打旬关，平定汉中。

【原文】

　　项羽灭秦，立沛公为汉王。汉王赐商爵信成君，以将军为陇西都尉。别将定北地、上郡。破雍将军焉氏①，周类军枸邑，苏驵军于泥阳。赐食邑武成六千户。以陇西都尉从击项籍军五月，出巨野，与钟离昧战，疾斗，受梁相国印，益食邑四千户。以梁相国将从击项羽二岁三月，攻胡陵。

【注释】

①雍将军:指雍王章邯的将军。

【译文】

项羽灭秦后,封沛公为汉王。汉王赐给郦商信成君的爵位,并以将军的身份做陇西都尉。郦商自己单独率军平定了北地和上郡。在焉氏打败了雍王章邯部下所率领的军队,在栒邑打败了周类所率领的军队,在泥阳打败了苏驵所率领的军队。于是汉王把武成县的六千户赐给郦商作食邑。他以陇西都尉的身份随沛公攻打项羽的军队达五个月之久,出兵巨野,与钟离昧交战,因激战有功,沛公授予他梁国相印,又增封食邑四千户。以梁国相国的身份随汉王与项羽作战达两年零三个月,攻取胡陵。

【原文】

项羽既已死,汉王为帝。其秋,燕王臧荼反,商以将军从击荼,战龙脱,先登陷阵,破荼军易下,却敌,迁为右丞相,赐爵列侯,与诸侯剖符,世世勿绝,食邑涿五千户,号曰涿侯。以右丞相别定上谷,因攻代,受赵国相印。以右丞相赵相国别与绛侯等定代、雁门,得代丞相程纵,守相郭同,将军已下至六百石十九人。还,以将军为太上皇卫一岁七月。以右丞相击陈豨,残东垣。又以右丞相从高帝击黥布,攻其前拒①,陷两陈,得以破布军。更食曲周五千一百户,除前所食。凡别破军三,降定郡六,县七十三,得丞相、守相、大将各一人,小将二人,二千石已下至六百石十九人。

①前拒:前沿阵地。

【译文】

项羽死后,汉王立为皇帝。这年秋天,燕王臧荼反叛,郦商以将军的身份随高帝攻打臧荼,在龙脱大战时,郦商冲锋陷阵,率先登城,在易下击败臧荼的军队,因杀敌有功,被升为右丞相,赐给他列侯的爵位,和其他诸侯一样剖符为信,世代相传,以涿邑五千户作为他的食邑,封号叫涿侯。他以右丞相的身份单独带兵平定上谷,接着又攻打代,高祖授予他赵国的相国之印。又以右丞相加赵国相国的身份带兵和绛侯周勃等一起平定了代和雁门,活捉了代国丞相程纵,守相郭同,将军以下到六百石的官员共十九人。凯旋后,以将军的身份做太上皇的护卫一年零七个月。然后又以右丞相身份攻打陈豨,捣毁东垣。又以右丞相的身份随高帝进攻反叛的黥布,领兵向敌人前沿阵地猛攻,夺取了两个阵地,从而使汉军能够打垮黥布的军队。高帝把他的封邑改在曲周,增加到五千一百户,收回以前所封的食邑。总计郦商一共击垮三支敌军,降服平定六个郡、七十三个县,俘获丞相、守相、大将各一人,小将二人,二千石以下到六百石的官员十九人。

【原文】

商事孝惠,高后时,商病,不治①。其子寄,字况,与吕禄善。及高后崩,大臣欲诛诸吕,吕禄为将军,军于北军②。太尉勃不得入北军,于是乃使人劫郦商,令其子况绐吕禄③,吕禄信之,故与出游,而太尉勃乃得入据北军,遂诛诸吕。是岁商卒,谥为景侯。子寄代侯。天下称"郦况卖交"也④。

【注释】

①不治:不能理事。

②北军:西汉禁军有南军、北军之分,因驻扎长安城北称北军。

③绐:欺骗。

④卖交:出卖朋友。

【译文】

郦商在侍奉孝惠帝和吕后时,因身体不好,不能料理政事。他的儿子郦寄,字况,与吕禄很要好。等到高后驾崩时,大臣们想诛杀吕氏家族,但是吕禄身为将军,统领北军。太尉周勃无法进入北军的大营,于是就派人威胁强迫郦商,让他的儿子郦况去欺骗吕禄,吕禄听信了郦况的话,就和他一起出去游玩,太尉周勃才能够进入军营,控制北军,这样,才杀掉了吕氏家族。也就在这一年,郦商死,谥号为景侯。其子郦寄继承侯位。天下人都说郦况出卖朋友。

【原文】

孝景前三年,吴、楚、齐、赵反,上以寄为将军,围赵城十月,不能下。得俞侯栾布自平齐来,乃下赵城,灭赵,王自杀,除国。孝景中二年,寄欲取平原君为夫人①,景帝怒,下寄吏,有罪,夺侯。景帝乃以商他子坚封为缪侯,续郦氏后。缪靖侯卒,子康侯遂成立。遂成卒,子怀侯世宗立。世宗卒,子侯终根立,为太常,坐法②,国除。

【注释】

①取:同"娶"。平原君:景帝王皇后之母臧儿封平原君。

②坐法:因犯法而被判罪。

【译文】

孝景帝前元三年,吴、楚、齐、赵等诸侯国起兵反叛,皇上任命郦寄为将军,围攻赵国的都城,但十个月都没有攻克。等到俞侯栾布平定了齐国前来助战,这才拿下了赵国都城,扫平了赵国,赵王刘遂自杀,封国被废除。景帝中元二年,郦寄打算娶景帝王皇后的母亲平原君为妻,景帝大怒,把郦寄交给法吏去审理,判定他有罪,剥夺了侯爵爵位。景帝把郦商的另外一个儿子郦坚封为缪侯,以延续郦氏的后代。缪靖侯郦坚死后,其子康侯郦遂成继位。郦遂成死后,其子怀侯郦世宗继位。郦世宗死后,其子郦终根继承侯位,任太常,后来因为犯法,封国被废除。

【原文】

汝阴侯夏侯婴,沛人也。为沛厩司御①。每送使客还,过沛泗上亭,与高祖语,未尝不移日也②。婴已而试补县吏③,与高祖相爱。高祖戏而伤婴,人有告高祖。高祖时为亭长,重坐伤人④,告故不伤婴,婴证之。后狱覆⑤,婴坐高祖系岁余⑥,掠笞数百⑦,终以是脱高祖⑧。

【注释】

①厩:马房。司御:掌管养马驾车的人。

②移日:日影移动位置,形容时间较长。

③已而:不久。试:试用。补:充任。

④重坐伤人:加重治罪。

⑤狱覆:翻案复审。

⑥系:关押。

⑦掠笞:鞭打。

⑧脱:开脱,免于刑罚。

汝阴侯夏侯婴,沛县人。开始在沛县县府的马房里掌管养马驾车。每当他驾车送完使者或客人返回时,经过沛县泗上亭,与高祖聊天,一聊就是大半天。后来,夏侯婴做了试用的县吏,与高祖更加要好。有一次,高祖因为开玩笑而误伤了夏侯婴,被别人告发到官府。当时高祖身为亭长,伤了人要加重治罪,因此高祖申诉本来没有伤害夏侯婴,夏侯婴也证明自己没有被伤害。后来这个案子又翻了过来,夏侯婴因为高祖的牵连,被关押了一年多,挨了几百板子,但终归因此使高祖免于刑罚。

【原文】

高祖之初与徒属欲攻沛也,婴时以县令史为高祖使。上降沛一日,高祖为沛公,赐婴爵七大夫,以为太仆。从攻胡陵,婴与萧何降泗水监平,平以胡陵降,赐婴爵五大夫。从击秦军砀东,攻济阳,下户牖,破李由军雍丘下,以兵车趣攻战疾^①,赐爵执帛。常以太仆奉车从击章邯军东阿、濮阳下,以兵车趣攻战疾,破之,赐爵执珪。复常奉车从击赵贲军开封、杨熊军曲遇。婴从捕虏六十八人,降卒八百五十人,得印一匮。因复常奉车从击秦军洛阳东,以兵车趣攻战疾,赐爵封转为滕公。因复奉车从攻南阳,战于蓝田、芷阳,以兵车趣攻战疾,至霸上。项羽至,灭秦,立沛公为汉王。汉王赐婴爵列侯,号昭平侯。复为太仆,从入蜀、汉。

【注释】

①趣攻:急速进攻。趣,同"促"。

【译文】

当初,高祖带领他的徒众准备攻打沛县时,夏侯婴以县令属官的身份与高祖去联络。就在高祖降服沛县的那天,高祖做了沛公,赐给夏侯婴七大夫的爵位,并用他做太仆。在随高祖攻打胡陵时,夏侯婴和萧何一起招降了泗水郡郡监平,平献出胡陵投降了,高祖赐给夏侯婴五大夫的爵位。他随高祖在砀县以东袭击秦军,攻打济阳,攻下户牖,在雍丘一带击败李由的军队,他在战斗中驾兵车快速进攻,作战勇猛,高祖赐给他执帛的爵位。夏侯婴又曾以太仆的身份指挥兵车跟从高祖在东阿、濮阳一带袭击章邯,在战斗中驾兵车快速进攻,作战勇猛,大破秦军,高祖赐给他执珪的爵位。他又曾指挥兵车随高祖在开封袭击赵贲的军队,在曲遇袭击杨熊的军队。在战斗中,夏侯婴俘虏六十八人,收降士兵八百五十人,并缴获印一匣。接着又曾指挥兵车随高祖在洛阳以东袭击秦军,他驾车冲锋陷阵,奋力拼杀,高祖赐予他滕公的封爵。接着又指挥兵车随高祖攻打南阳,在蓝田、芒阳大战,他驾兵车奋力冲杀,英勇作战,一直打到了霸上。项羽进关后,灭了秦朝,封沛公为汉王。汉王赐给夏侯婴列侯的爵位,号为昭平侯。又以太仆的身份,随汉王进军蜀、汉地区。

【原文】

还定三秦,从击项籍。至彭城,项羽大破汉军。汉王败,不利,驰去。见孝惠、鲁元,载之。汉王急,马罢,虏在后,常蹶两儿欲弃之①,婴常收,竟载之,徐行面雍树乃驰②。汉王怒,行欲斩婴者十余,卒得脱,而致孝惠、鲁元于丰。

汉王既至荥阳,收散兵,复振,赐婴食祈阳。复常奉车从击项籍,追至陈,卒定楚,至鲁,益食兹氏。

【注释】

①蹴:踢,用脚推。

②雍树:当时南方方言,指面对面抱小孩子。意思是小孩抱着大人的脖子,像吊在树上一般。

【译文】

后来汉王回军平定了三秦,夏侯婴随从汉王攻击项羽的军队。进军彭城,项羽把汉军打得大败。汉王因兵败不利,乘车马急速逃跑。在半路上遇到孝惠帝和鲁元公主,就把他们收上车来。马已跑得十分疲乏,敌人又紧追在后,汉王特别着急,有好几次用脚把两个孩子踢下车去,打算抛弃他们,但每次都是夏侯婴下车把他们收上来,一直把他们载在车上。夏侯婴赶着车子,先是慢慢行走,等到两个吓坏了的孩子抱紧了自己的脖子后,才驾车奔驰。汉王为此非常生气,一路上有十多次想要杀死夏侯婴,但最终还是逃出险境,把孝惠帝、鲁元公主安然无恙地送到丰邑。

汉王到荥阳后,收集被击溃的军队,重振军威,汉王把祈阳赐给夏侯婴作为食邑。在此之后,夏侯婴又指挥兵车随汉王攻打项羽,一直追击到陈县,最后终于平定了楚地,行至鲁地,汉王又给他增加了兹氏一县作为食邑。

【原文】

汉王立为帝。其秋,燕王臧荼反,婴以太仆从击荼。明年,从至陈,取楚王信。更食汝阴,剖符世世勿绝。以太仆从击代,至武泉、云中,益食千户。因从击韩信军胡骑晋阳旁,大破之。追北至平城①,为胡所围,七日不得通。高帝使使厚遗阏氏,冒顿开围一角。高帝出欲驰,婴固徐行,弩皆持满外向,卒得脱。益食婴细阳千户。复以太仆从击胡骑勾注北,大破之。以太

167

仆击胡骑平城南,三陷陈,功为多,赐所夺邑五百户。
以太仆击陈豨、黥布军,陷陈却敌,益食千户,定食汝阴
六千九百户,除前所食。

【注释】

①追北:追击逃跑的败军。

【译文】

汉王立为皇帝的这一年秋天,燕王臧荼起兵造反,夏侯婴以太仆的身份随高帝攻打臧荼。第二年,又随高帝到陈县,逮捕了楚王韩信。高帝把夏侯婴的食邑改封在汝阴,剖符为信,使爵位世代相传。夏侯婴又以太仆的身份随高帝攻打代地,一直打到武泉、云中,高帝给他增加食邑一千户。接着又随汉王到晋阳附近,把隶属于韩信的匈奴骑兵打得大败。当追击败军到平城时,被匈奴骑兵团团围住,困了整整七天不能解脱。后来高帝派人送给匈奴阏氏好多礼物,匈奴单于冒顿这才把包围圈打开一角。高帝脱围刚出平城就想驱车快跑,夏侯婴坚决止住车马慢慢行走,命弓箭手都拉满弓向外,最后终于脱离险境。高帝把细阳一千户加封给夏侯婴作食邑。夏侯婴又以太仆的身份随高帝在勾注山以北地区攻打匈奴骑兵,获得大胜。以太仆的身份在平城南边攻击匈奴骑兵,多次攻破敌阵,功劳最多,高帝就把夺来的城邑中的五百户赐给他作为食邑。又以太仆的身份攻打陈豨、黥布的叛军,冲锋陷阵,击退敌军,又加封食邑一千户。最后,高帝把夏侯婴的食邑定在汝阴,共六千九百户,撤销以前所封的食邑。

【原文】

婴自上初起沛,常为太仆,竟高祖崩。以太仆事孝惠。孝惠帝及高后德婴之脱孝惠、鲁元于下邑之间

也^①,乃赐婴县北第第一^②,曰"近我",以尊异之。孝惠帝崩,以太仆事高后。高后崩,代王之来,婴以太仆与东牟侯入清宫^③,废少帝,以天子法驾迎代王代邸^④,与大臣共立为孝文皇帝,复为太仆。八岁,卒,谥为文侯。子夷侯灶立,七年卒。子共侯赐立,三十一年卒。子侯颇尚平阳公主,立十九岁,元鼎二年,坐与父御婢奸罪,自杀,国除。

【注释】

①德:感恩戴德。

②县北第:指皇宫北面的住宅。

③清宫:清理宫廷。此应指入宫逐吕后所立之少帝。

④法驾:天子的车驾。代邸:代王的府邸。

【译文】

夏侯婴自从随皇上在沛县起兵,长期做太仆,一直到高祖驾崩。之后又作为太仆侍奉孝惠帝。孝惠帝和吕后非常感激夏侯婴在下邑的路上救了孝惠帝和鲁元公主,就把紧靠在皇宫北面的第一等宅第赐给他,名为"近我",以此表示对夏侯婴的格外尊宠。孝惠帝驾崩后,他又以太仆的身份侍奉吕后。等到吕后驾崩,代王来到京城时,夏侯婴又以太仆的身份和东牟侯刘兴居一起入宫廷清理宫室,废去了少帝,用天子的法驾到代王府第里去迎接代王,和大臣们一起立代王为孝文皇帝,夏侯婴仍然做太仆。八年后死去,谥号为文侯。其子夷侯夏侯灶继承侯位,七年后死去。其子共侯夏侯赐继承侯位,三十一年后死去。他的儿子夏侯颇娶了平阳公主,在他继承侯位十九年时,也就是元鼎二年,因为和他父亲的御婢私通,畏罪自杀,封国也被废除。

颍阴侯灌婴者,睢阳贩缯者也。高祖之为沛公,略地至雍丘下,章邯败杀项梁,而沛公还军于砀。婴初以中涓从击破东郡尉于成武及秦军于扛里,疾斗,赐爵七大夫。从攻秦军亳南、开封、曲遇,战疾力,赐爵执帛,号宣陵君。从攻阳武以西至洛阳,破秦军尸北,北绝河津,南破南阳守齮阳城东,遂定南阳郡。西入武关,战于蓝田,疾力,至霸上,赐爵执珪,号昌文君。

【译文】

颍阴侯灌婴原是睢阳县一个贩卖丝缯的小商人。高祖自立为沛公时,攻城略地来到雍丘城下,章邯击败项梁并杀死了他,而沛公也撤回砀县一带。灌婴起初以内侍中涓官的身份随沛公,在成武打败东郡郡尉的军队,在杠里打败驻守的秦军,因为杀敌英勇,被赐给七大夫的爵位。后又跟随沛公在亳县以南及开封、曲遇一带与秦军交战,因奋力拼杀,被赐给执帛的爵位,号为宣陵君。又跟随沛公在阳武以西至洛阳一带与秦军交战,在尸乡以北地区击败秦军,再向北切断黄河渡口,然后又领兵南下,在南阳以东打垮了南阳郡郡守吕齮的军队,这样就平定了南阳郡。向西进入武关,在蓝田与秦军交战,因为英勇奋战,一直打到霸上,被赐给执珪的爵位,号为昌文君。

【原文】

沛公立为汉王,拜婴为郎中。从入汉中,十月,拜为中谒者。从还定三秦,下栎阳,降塞王。还围章邯于废丘,未拔。从东出临晋关,击降殷王,定其地。击项

羽将龙且、魏相项他军定陶南,疾战,破之。赐婴爵列
侯,号昌文侯,食杜平乡。

【译文】

沛公被封为汉王后,拜灌婴做郎中。他随汉王进军汉中,十月间,又被任命为中谒者。跟从汉王还师平定了三秦,攻取了栎阳,降服了塞王司马欣。回军又把章邯围在了废丘,但未能攻克。后又随汉王东出临晋关,攻打并降服了殷王董翳,平定了他所统辖的地区。在定陶以南地区与项羽的部下龙且、魏国丞相项他的军队交战,经过激烈的战斗,最后击败敌军。因功被赐给列侯的爵位,号为昌文侯,杜县的平乡被封作他的食邑。

【原文】

复以中谒者从降下砀,以至彭城。项羽击,大破汉王。汉王遁而西,婴从还,军于雍丘。王武、魏公申徒反,从击破之。攻下黄,西收兵,军于荥阳。楚骑来众,汉王乃择军中可为骑将者,皆推故秦骑士重泉人李必、骆甲习骑兵,今为校尉,可为骑将。汉王欲拜之,必、甲曰:"臣故秦民,恐军不信臣,臣愿得大王左右善骑者傅之①。"灌婴虽少,然数力战,乃拜灌婴为中大夫,令李必、骆甲为左右校尉,将郎中骑兵击楚骑于荥阳东,大破之。受诏别击楚军后,绝其饷道②,起阳武至襄邑。击项羽之将项冠于鲁下,破之,所将卒斩右司马、骑将各一人。击破柘公王武,军于燕西,所将卒斩楼烦将五人,连尹一人。击王武别将桓婴白马下,破之,所将卒斩都尉一人。以骑渡河南,送汉王到洛阳,使北迎相国韩信军于邯郸。还至敖仓,婴迁为御史大夫。

【注释】

①傅:辅佐。

②饷道:粮道。

【译文】

　　以后,他又以中谒者的身份随汉王拿下砀县,进军彭城。项羽带领军队出击,把汉王打得大败。汉王向西逃跑,灌婴随汉王撤退,驻扎在雍丘。王武、魏公申徒谋反,灌婴随从汉王出击,并打垮了他们。攻克了外黄,再向西招募士卒,驻扎在荥阳。项羽的军队又来进攻,其中骑兵很多,汉王就在军中挑选能够做骑兵将领的人,大家都推举原来的秦朝骑士重泉人李必、骆甲,说他俩对骑兵很在行,同时现在又都能做校尉,因此可以做骑兵将领。汉王准备任命他们,但他们二人说:"我们原为秦民,恐怕军中士卒觉得我们靠不住,所以请您委派一名常在您身边而又善于骑射的人做我们的首领。"当时灌婴虽年轻,但在多次战斗中都能勇猛拼杀,所以就任命他为中大夫,让李必、骆甲做左右校尉,带领郎中骑兵在荥阳以东和楚国骑兵交战,把楚军打得大败。又奉汉王命令自己单独率领军队袭击楚军的后方,截断了楚军从阳武到襄邑的粮食供应线。在鲁国一带,打败了项羽将领项冠的军队,部下将士们斩杀楚军的右司马、骑将各一人。击败柘公王武,军队驻扎在燕国西部一带,部下将士们斩杀楼烦将领五人,连尹一人。在白马附近,大破王武的别将桓婴,所统帅的士兵斩都尉一人。又带领骑兵南渡黄河,护送汉王到达洛阳,然后汉王又派遣灌婴到邯郸去迎接相国韩信的部队。回来到敖仓时,他被提任为御史大夫。

【原文】

　　三年,以列侯食邑杜平乡。以御史大夫受诏将郎中骑兵东属相国韩信,击破齐军于历下,所将卒虏车骑将军华毋伤及将吏四十六人。降下临菑,得齐守相田光。追齐相田横至嬴、博,破其骑,所将卒斩骑将一人,生得骑将四人。攻下嬴、博,破齐将田吸于千乘,所将卒斩吸。东从韩信攻龙且、留公旋于高密,卒斩龙且,生得右司马、连尹各一人,楼烦将十人,身生得亚将周兰①。

【注释】

①身生得:亲自活捉得到。亚将:副将。

【译文】

　　汉王三年时,灌婴以列侯的爵位得到了杜县的食邑平乡。其后,他以御史大夫的身份率领郎中骑兵,隶属于相国韩信,在历下击败了齐国的军队,他所率领的士卒俘虏了车骑将军华毋伤及将吏四十六人。迫使敌兵投降,拿下了临淄,俘获齐国守相田光。又追击齐国相国田横到嬴、博,击败齐国骑兵,所率领的士卒斩杀齐国骑将一人,活捉骑将四人。攻克嬴、博,在千乘把齐国将军田吸打得大败,所率士卒将田吸斩首。然后随韩信引兵向东,在高密攻打龙且和留公旋的军队,所率领的士卒将龙且斩首,活捉右司马、连尹各一人,楼烦将领十人,自己活捉了亚将周兰。

【原文】

　　齐地已定,韩信自立为齐王,使婴别将击楚将公杲于鲁北,破之。转南,破薛郡长,身虏骑将一人。攻博阳,前至下相以东南僮、取虑、徐。度淮,尽降其城邑,至广陵。项羽使项声、薛公、郯公复定淮北。婴度淮北,击破项声、郯公下邳,斩薛公,下下邳。击破楚骑于平阳,遂降彭城,虏柱国项佗,降留、薛、沛、酂、萧、相。

173

攻苦、谯，复得亚将周兰。与汉王会颐乡。从击项籍军于陈下，破之，所将卒斩楼烦将二人，虏骑将八人。赐益食邑二千五百户①。

【注释】

①益：增加。

【译文】

齐地平定之后，韩信自立为齐王，派遣灌婴单独率军去鲁北攻打楚将公杲的军队，获得全胜。灌婴挥师南下，打败了薛郡郡守所率领的军队，亲自俘虏骑将一人。接着又攻打博阳，进军到达下相东南的僮城、取虑和徐城一带。渡过淮河，全部降服了淮南的城邑，然后到达广陵。其后项羽派项声、薛公和郯公重新收复淮北。因此灌婴渡过淮河北上，在下邳击败了项声、郯公，并将薛公斩首，拿下下邳。在平阳击败了楚军骑兵，接着就降服了彭城，俘获了楚国的柱国项佗，降服了留、薛、沛、郯、萧、相等县。进攻苦县、谯县，再次俘获亚将周兰。然后在颐乡和汉王会师。随汉王在陈县一带击败项羽的军队，所率领的士卒斩楼烦将二人，俘获骑将八人。汉王给灌婴增加食邑二千五百户。

【原文】

项籍败垓下去也，婴以御史大夫受诏将车骑别追项籍至东城，破之。所将卒五人共斩项籍，皆赐爵列侯。降左右司马各一人，卒万二千人，尽得其军将吏。下东城、历阳。渡江，破吴郡长吴下，得吴守，遂定吴、豫章、会稽郡。还定淮北，凡五十二县。

【译文】

项羽在垓下战败，然后突围逃跑，灌婴以御史大夫的身份受汉王命令带领车骑部队追击项羽,在东城彻底击垮了他。所率领的将士五人共同斩杀了项羽,他们都被封为列侯。又降服了左右司马各一人,士兵一万二千人,俘获了项羽军中的全部将领和官吏。接着,又攻克了东城、历阳。渡过长江,在吴县一带打败了吴郡郡守所率领的军队,俘获了吴郡郡守,这样,也就平定了吴、豫章、会稽三郡。然后回军平定淮北地区,一共五十二个县。

【原文】

　　汉王立为皇帝,赐益婴邑三千户。其秋,以车骑将军从击破燕王臧荼。明年,从至陈,取楚王信。还,剖符,世世勿绝,食颍阴二千五百户,号曰颍阴侯。

【译文】

　　汉王立为皇帝后,又给灌婴加封食邑三千户。这一年的秋天,他以车骑将军的身份随高帝击败燕王臧荼的军队。第二年,随高帝到达陈县,逮捕了楚王韩信。回京之后,高帝剖符为信,使其世代相传,把颍阴的两千五百户封给灌婴作为食邑,号为颍阴侯。

【原文】

　　以车骑将军从击反韩王信于代,至马邑,受诏别降楼烦以北六县,斩代左相,破胡骑于武泉北。复从击韩信胡骑晋阳下,所将卒斩胡白题将一人[①]。受诏并将燕、赵、齐、梁、楚车骑,击破胡骑于砮石。至平城,为胡所围,从还军东垣。

【注释】

　　①白题:匈奴的一支。

此后,灌婴以车骑将军的身份随高帝到代国,去讨伐谋反的韩王信,到马邑时,奉皇帝命令率军降服了楼烦以北的六个县,斩了代国的左丞相,在武泉以北击败了匈奴骑兵。又随高帝在晋阳一带袭击隶属于韩王信的匈奴骑兵,所统帅的士卒斩杀匈奴白题将一人。奉命一并率领燕、赵、齐、梁、楚等国的车骑部队,在硰石打败了匈奴的骑兵。到平城时,被匈奴大军团团围住,随高帝回军到东垣。

【原文】

从击陈豨,受诏别攻豨丞相侯敞军曲逆下,破之,卒斩敞及特将五人。降曲逆、卢奴、上曲阳、安国、安平。攻下东垣。

黥布反,以车骑将军先出,攻布别将于相,破之,斩亚将楼烦将三人。又进击破布上柱国军及大司马军。又进破布别将肥诛。婴身生得左司马一人,所将卒斩其小将十人,追北至淮上。益食二千五百户。布已破,高帝归,定令婴食颍阴五千户,除前所食邑。凡从得二千石二人①,别破军十六,降城四十六,定国一、郡二、县五十二,得将军二人,柱国、相国各一人,二千石十人。

【注释】

①凡:总共,共计。

【译文】

在随高帝攻打陈豨时,灌婴受高帝的命令单独在曲逆一带攻击陈豨丞相侯敞的军队,大败敌军,所率领的士卒斩杀侯敞和特将五人。降服曲逆、卢奴、上曲阳、安国、安平等地。攻下东垣。

　　黥布造反时，灌婴以车骑将军的身份率军先行出征，在相县，大败黥布别将的军队，斩杀亚将、楼烦将共三人。又进军攻打黥布上柱国的军队和大司马的军队。又进军击破黥布别将肥诛的军队。灌婴亲手活捉左司马一人，所率士卒斩其小将十人，追击敌人的败将残兵一直到淮河沿岸。因此，高帝又给他增加食邑二千五百户。讨平黥布之后，高帝还朝，确定灌婴在颍阴的食邑共五千户，撤销以前所封的食邑。灌婴随高帝作战，总计俘获二千石的官吏二人，单独率军击破敌军十六支，降服城池四十六座，平定了一个诸侯国、两个郡、五十二个县，俘获将军二人，柱国、相国各一人，二千石的官员十人。

【原文】

　　婴自破布归，高帝崩，婴以列侯事孝惠帝及吕太后。太后崩，吕禄等以赵王自置为将军，军长安，为乱。齐哀王闻之，举兵西，且入诛不当为王者。上将军吕禄等闻之，乃遣婴为大将，将军往击之。婴行至荥阳，乃与绛侯等谋，因屯兵荥阳，风齐王以诛吕氏事[1]，齐兵止不前。绛侯等既诛诸吕，齐王罢兵归，婴亦罢兵自荥阳归，与绛侯、陈平共立代王为孝文皇帝。孝文皇帝于是益封婴三千户，赐黄金千斤，拜为太尉。

【注释】

　　[1]风：通"讽"，示意，暗示。

【译文】

　　灌婴在打败了黥布回到京城时，高帝驾崩，灌婴就以列侯身份侍奉孝惠帝和吕太后。太后驾崩后，吕禄等人以赵王的身份自置为将军，驻军长安,妄图发动叛乱。齐哀王刘襄得知此事以后,发兵西进向京城而来,说要诛杀不应该为王的人。上将军吕禄等听说后,就派遣灌婴为大将,带领军队前去阻击。灌婴来到荥阳,就和绛侯周勃等人商议,决定大军暂时在荥阳驻扎,向齐哀王暗中示意准备诛杀吕氏的事,齐兵因此也就屯兵不前。绛侯周勃等人杀死诸吕后,齐王收兵回到封地,灌婴也收兵从荥阳回到京城,与周勃、陈平共同立代王为孝文皇帝。孝文皇帝就加封灌婴食邑三千户,赐黄金一千斤,同时任命他为太尉。

【原文】

三岁,绛侯勃免相就国,婴为丞相,罢太尉官。是岁,匈奴大入北地、上郡。令丞相婴将骑八万五千往击匈奴。匈奴去,济北王反,诏乃罢婴之兵。后岁余,婴以丞相卒,谥曰懿侯。子平侯阿代侯。二十八年卒,子强代侯。十三年,强有罪,绝二岁。元光三年,天子封灌婴孙贤为临汝侯,续灌氏后。八岁,坐行赇有罪①,国除。

【注释】

①赇:贿赂。

【译文】

三年以后,绛侯周勃免除丞相职务回到自己封地上去了,灌婴做丞相,撤销了太尉职务。这一年,匈奴大举入侵北地和上郡,皇帝命丞相灌婴带领骑兵八万五千人,前去迎击匈奴。匈奴逃跑后,济北王刘兴居造反,皇帝命灌婴收兵回京。又过了一年多,灌婴死在丞相任上,谥号为懿侯。其子平侯灌阿继承侯位。二十八年后死去,其子灌强继承侯位。十三年之后,因为灌强有罪,侯位中断两年。元光三年,天子封灌婴的孙子

178

灌贤为临汝侯,延续灌婴的后代。八年之后,灌贤因犯行贿罪,封国被撤销。

【原文】

太史公曰:吾适丰沛,问其遗老,观故萧、曹、樊哙、滕公之家,及其素^①,异哉所闻!方其鼓刀屠狗卖缯之时^②,岂自知附骥之尾^③,垂名汉廷,德流子孙哉?余与他广通,为言高祖功臣之兴时若此云。

【注释】

①素:平素,此指平素为人。

②鼓刀:屠宰敲击其刀有声,故称操刀为鼓刀。

③附骥之尾:苍蝇附于千里马尾上可以致千里,此指樊哙等人跟随刘邦征战。

【译文】

太史公说:我曾到过丰县、沛县,访问当地的遗老,考察原来萧何、曹参、樊哙、滕公居住的地方,打听他们当年的有关故事,所听到的真是令人惊异呀!当他们操刀宰狗、贩卖丝缯的时候,哪里就能知道日后能附骥尾,垂名汉室,德惠传及子孙后代呢?我和樊哙的孙子樊他广有过交往,他对我谈到高祖的功臣们兴起时的情况,就是以上我所记述的这些。

郦生陆贾列传（节选）

本篇主要记述郦食其和陆贾的生平事迹，并附有朱建事。他们都善于口辩，大有战国纵横家的遗风。郦食其早年家贫落魄，后得见沛公刘邦，常为说客，本篇则主要记述了楚汉相争时，郦生献计刘邦坚守敖仓，并为汉王说齐王田广，后又被齐王烹杀事，突出了他疏阔耿直、临死不屈的性格。对陆贾，则写他为汉王说南越王尉他称臣及为陈平谋划诛杀诸吕等事，突出了他的政治才干。至于朱建则不可与郦生、陆贾二人同日而语，只因"平原君子与余善"，所以记了他与辟阳侯审食其的一段故事。

【原文】

陆贾者，楚人也。以客从高祖定天下，名为有口辩士，居左右，常使诸侯。

【译文】

陆贾，楚人。以宾客的身份随高祖平定天下，人们称他是很有口才的说客，伴随高祖身边，常出使诸侯。

　　及高祖时,中国初定,尉他平南越,因王之,高祖使陆贾赐尉他印为南越王。陆生至,尉他魋结箕倨见陆生①。陆生因进说他曰:"足下中国人,亲戚昆弟坟墓在真定。今足下反天性,弃冠带,欲以区区之越与天子抗衡为敌国,祸且及身矣。且夫秦失其政,诸侯豪杰并起,唯汉王先入关,据咸阳。项羽倍约,自立为西楚霸王,诸侯皆属,可谓至强。然汉王起巴、蜀,鞭笞天下②,劫略诸侯③,遂诛项羽灭之。五年之间,海内平定,此非人力,天之所建也。天子闻君王王南越,不助天下诛暴逆,将相欲移兵而诛王,天子怜百姓新劳苦,故且休之,遣臣授君王印,剖符通使④。君王宜郊迎,北面称臣,乃欲以新造未集之越⑤,屈强于此⑥。汉诚闻之,掘烧王先人冢,夷灭宗族,使一偏将将十万众临越,则越杀王降汉,如反覆手耳。"

【注释】

　　①魋结(chuí jì):同"椎髻",挽发于顶,形如椎。箕倨:伸开两脚坐,如簸箕,是无礼的会客姿态。

　　②鞭笞:用鞭子抽打,此指征服。

　　③劫略:以威力征服和控制。略,通"掠",夺取,占有。

　　④剖符:古时天子分封王、侯的凭证。剖分为二,帝王与诸侯各执其一,故称剖符。

　　⑤集:安定,稳定。

　　⑥屈强:通"倔强",刚强不顺服。

【译文】

　　到高祖时,中国刚刚平定,尉他也平定南越,便在那里称王。高祖派陆贾带着赐给尉他的南越王之印前往。陆生到了南越，尉他挽发于顶，梳着锥子一样的发髻，并伸开两腿如簸箕的样子坐着，接见陆生。陆生就此向尉他说道："您本是中国人，亲戚、兄弟和祖先的坟墓都在真定。如今您却一反中国人的习俗，舍弃衣冠巾带，想凭弹丸之地的南越和天子抗衡，成为敌国，那大祸就要临身了。况且秦朝搞糟了它的政令，诸侯豪杰纷纷起事，只有汉王首先入关，占据咸阳。项羽背叛盟约，自立为西楚霸王，诸侯都归附他，可称得上是强大无比。但汉王从巴、蜀出兵后，征服天下，平定诸侯，杀死项羽，灭掉楚国。五年之间，海内平定，这不是人力所能办到的，而是上天福佑的结果。如今天子听说您在南越称王，不帮助天下人诛讨暴逆，将相都想移兵来消灭您，但天子怜惜百姓，想到他们刚经历了战争的劳苦乱离，因此暂且罢兵，派臣授予您南越王的金印，剖符为信，互通使节。君王您应到郊外远迎，面向北方，拜倒称臣，但您却想凭借刚刚建立、尚未稳定的南越，在此桀骜不驯。倘若让汉朝廷知道了此事，挖掘烧毁您祖先的坟墓，诛灭您的宗族，再派一名偏将带领十万人马来到越地，那么南越人杀死您投降汉，就易如反掌了。"

【原文】

于是尉他乃蹶然起坐[①]，谢陆生曰："居蛮夷中久，殊失礼义。"因问陆生曰："我孰与萧何、曹参、韩信贤？"陆生曰："王似贤。"复曰："我孰与皇帝贤？"陆生曰："皇帝起丰沛，讨暴秦，诛强楚，为天下兴利除害，续五帝三王之业，统理中国。中国之人以亿计，地方万里，居天下之膏腴[②]，人众车舆[③]，万物殷富，政由一家，自天地剖泮未始有也[④]。今王众不过数十万，皆蛮夷，崎岖山海间，譬若汉一郡，王何乃比于汉！"尉他大笑曰："吾不起中国，故王此。使我居中国，何渠不若汉？"

182

乃大说陆生,留与饮数月。口:"越中无足与语,至生来,令我日闻所不闻。"赐陆生橐中装直千金⑤,他送亦千金。陆生卒拜尉他为南越王,令称臣奉汉约。归报,高祖大悦,拜贾为太中大夫。

【注释】

①蹶(guì)然:急忙起身的样子。

②膏腴:土地肥沃,此指天下最富饶的地方。

③人众车舆:人口众多,车马殷盛。

④天地剖泮(pàn):开天辟地。剖,剖开,分开。泮,从中间分开,散开。

⑤橐(tuó)中装:指珠玉之类质轻价重的宝物。橐,口袋。直:通"值"。

【译文】

于是尉他急忙起身跪坐,向陆生致歉说:"我在蛮夷中居住久了,所以太失礼义了。"接着他又问陆生:"我和萧何、曹参、韩信相比,谁更贤能呢?"陆生说:"您似乎比他们强一点。"尉他又问:"那我和皇帝相比呢?"陆生回答:"皇帝从丰沛起兵,讨伐暴秦,诛灭强楚,为天下人兴利除害,继承五帝三王的业绩,统理整个中国。中国的人口以亿来计算,土地方圆万里,处于天下最富饶的地域,人多车众,物产丰富,政令出于一家,这是从开天辟地以来从未有过的。而现在您的人口不过数十万,又都是未开化的蛮夷,且居住在崎岖狭小的山地海隅之间,只不过如同汉的一个郡,您怎么竟同汉相比!"尉他听了,哈哈大笑,说:"我不能在中国起家,所以才在此称王。假使我占据中国,又哪里比不上汉王呢?"尉他于是非常喜欢陆生,留他饮酒取乐好几个月。尉他说:"南越人当中没有谁和我谈得来,等到你来这里后,才让我每天都能听到过去所未曾听到的事情。"尉他送给陆生装有金宝珠玉的包裹,价值千金,另外还送给他不少其他礼品，也价值千金。陆生终于完成拜尉他为南越王的使命，使他向汉称臣，服从汉的约束。陆贾还朝向高祖禀报了这些情况，高祖非常高兴，拜授陆贾为太中大夫。

【原文】

陆生时时前说称《诗》《书》。高帝骂之曰："乃公居马上而得之，安事《诗》《书》！"陆生曰："居马上得之，宁可以马上治之乎？且汤、武逆取而以顺守之①，文武并用，长久之术也。昔者吴王夫差、智伯，极武而亡；秦任刑法不变，卒灭赵氏②。乡使秦已并天下，行仁义，法先圣，陛下安得而有之？"高帝不怿而有惭色，乃谓陆生曰："试为我著秦所以失天下，吾所以得之者何，及古成败之国。"陆生乃粗述存亡之征，凡著十二篇。每奏一篇，高帝未尝不称善，左右呼万岁，号其书曰《新语》。

【注释】

①逆取：使用武力以下伐上取得天下。顺守：行仁义之道以治理国家。

②赵氏：指秦王朝。秦始皇祖先的一支造父曾被封在赵城，因此姓赵。

【译文】

陆生在皇帝面前时常谈论《诗经》《尚书》。高帝骂他道："你老子的天下是靠骑在马上南征北战打出来的，哪里用得着《诗》《书》！"陆生回答说："您可以在马上取得天下，难道您也可以在马上治理天下吗？且商汤、周武都是以武力征服天下，然后顺应形势以仁义之道治理天下，文治武功并用，这才是使国家长治久安的最好办法啊。从前吴王夫差、智伯都是因极力炫耀武功而致使国家灭亡;秦朝也是一味使用严刑酷法而不知变更,最后导致灭亡。假使秦并吞天下后,实行仁义之道,效法先圣,陛下又怎么能取得天下呢?"高帝听后,心情不悦,但露出惭愧的神色,就对陆生说:"那就请试着为我总结一下秦之所以失去天下,我之所以得到天下的原因以及古代各国成败的原因在哪里。"陆生就大略陈述了国家兴衰存亡的征兆和原因,一共写了十二篇。每写完一篇就上奏,高帝没有不称赞的,左右群臣也是呼喊万岁,把他这部书称为《新语》。

【原文】

孝惠帝时,吕太后用事,欲王诸吕,畏大臣有口者,陆生自度不能争之,乃病免家居。以好畤田地善,可以家焉。有五男,乃出所使越得橐中装卖千金,分其子,子二百金,令为生产。陆生常安车驷马①,从歌舞鼓琴瑟侍者十人,宝剑直百金,谓其子曰:"与汝约:过汝,汝给吾人马酒食,极欲,十日而更。所死家,得宝剑车骑侍从者。一岁中往来过他客,率不过再,三过,数见不鲜,无久愿公为也②。"

【注释】

①安车驷马:用四匹马拉的用于乘坐的舒适车辆。
②愿(hùn):烦扰,惊动。公:称其子,君称臣为公,父称子为公,长官称属下为公,汉时常见。

【译文】

孝惠帝时,吕太后执掌政事,想立吕氏诸人为王,畏惧大臣中那些能言善辩的人,而陆生也深知自己强力争辩也无济于事,就称病辞职,闲居家中。因好畤一带田地肥沃,就在这里定居下来。陆生有五个儿子,就把出使南越所得的一包金玉珠宝拿出卖了千金,分给儿子,每人二百金,让他们从事生产。陆生则时常坐着四匹马拉的舒适车辆,带着歌舞和弹琴鼓瑟的侍从十个人,佩带着价值百金的宝剑到处游玩,他曾对儿子们说:"我和你们约定好:当我出游经过你们家时,要让我的人马吃饱喝足,尽量让我感到满意,每十天换一家。我死在谁家,就把宝剑、车骑以及侍从就归谁所有。我还要到其他朋友那里去,一年当中到你们各家大概不过两三次,总来见你们就不新鲜了,用不着总惊扰你们。"

【原文】

　　吕太后时,王诸吕,诸吕擅权,欲劫少主,危刘氏。右丞相陈平患之,力不能争,恐祸及己,常燕居深念①。陆生往请,直入坐,而陈丞相方深念,不时见陆生。陆生曰:"何念之深也?"陈平曰:"生揣我何念?"陆生曰:"足下位为上相,食三万户侯,可谓极富贵无欲矣。然有忧念,不过患诸吕、少主耳。"陈平曰:"然。为之奈何?"陆生曰:"天下安,注意相;天下危,注意将。将相和调,则士务附②;士务附,天下虽有变,即权不分。为社稷计,在两君掌握耳。臣常欲谓太尉绛侯,绛侯与我戏,易吾言③。君何不交欢太尉,深相结?"为陈平画吕氏数事。陈平用其计,乃以五百金为绛侯寿,厚具乐饮;太尉亦报如之。此两人深相结,则吕氏谋益衰。陈平乃以奴婢百人,车马五十乘,钱五百万,遗陆生为饮食费。陆生以此游汉廷公卿间,名声藉甚。

【注释】

①燕居:安居,指退朝后在家中闲居。深念:深思,这里指很是忧虑。

②务附:就会归附。

③易吾言:不重视我的话。

【译文】

　　吕太后时,封诸吕为王,诸吕专揽大权,想劫持幼主,夺取刘氏天下。右丞相陈平对此很担忧,但自己力量有限,不能强争,害怕祸及自己,常闲居家中反复思虑。有一次,陆生前去请安,径直到陈平身边坐下,而陈丞相正在深思,没及时发觉陆生到了。陆生问道:"您的忧虑为什么如此深呢?"陈平说:"你猜我忧虑什么?"陆生说:"您老先生位居右丞相,是有三万户食邑的列侯,可以说富贵到了无以复加的地步,应该说是没有这方面的欲望了。然而若说有什么忧愁,那只不过是担忧诸吕和幼主而已。"陈平说:"你猜得很对。你看该怎么办呢?"陆生说:"天下平安无事,要注意丞相;天下动乱不安,要注意大将。如果大将和丞相配合默契,那么士人就会归附;士人归附,天下即使有意外变故发生,朝廷大权也不会分散。为社稷考虑,这事都在您和周勃两人掌握之中了。臣常想把这些话对太尉周勃讲明白,但他总和我开玩笑,不太重视我的话。您为什么不和太尉交好,建立非常亲密的关系?"接着,陆生又为陈平筹划出对付吕氏的多种办法。陈平就用他的计策,拿出五百金为绛侯周勃祝寿,并准备丰盛的宴会招待他;而太尉周勃也以同样的方式回报陈平。陈平、周勃这两人就建立了非常亲密的关系,而吕氏篡权的阴谋也就更难实现了。陈平又把一百个奴婢、五十辆车马、五百万钱送给陆生作为饮食资费。陆生就用这些资费在汉朝廷公卿大臣中游说,名声很大。

【原文】

　　及诛诸吕,立孝文帝,陆生颇有力焉。孝文帝即位,欲使人之南越。陈丞相等乃言陆生为太中大夫,往

使尉他,令尉他去黄屋称制①,令比诸侯,皆如意旨。语
在南越语中。陆生竟以寿终。

【注释】

①黄屋称制:指僭位称帝的行为。黄屋,指帝王车盖,以黄缯为盖
里。制,专指皇帝命令。

【译文】

等诛杀诸吕后,迎立孝文帝,陆生出了不少力。孝文帝即位后,想派
人出使南越。丞相陈平等就推荐陆生为太中大夫,派他出使南越,命南
越王尉他取消黄屋称制等越礼行为,让他采用各诸侯王一样的礼节仪
式,一切都按皇帝意旨行事。关于此事的详情,记在《南越列传》中。陆
生最后以年老而终。

袁盎晁错列传（节选）

本篇记述了文帝、景帝时的大臣袁盎和晁错的生平事迹，并附有邓公之事。袁盎在文帝时由兄长袁哙保任而为中郎，侍从皇帝，因淮南厉王事多次向文帝劝谏献言而名重朝廷，深得信任。但终因数次直谏而不容于朝中，先后迁为齐相、吴相。景帝时因收受吴王财物被查办，降为庶人。吴楚之乱时，与晁错相互争斗，谗杀晁错。后因谏阻梁王为嗣而被梁王派人刺杀。晁错在文帝时多次进言而不得用，却深得太子宠幸，太子即位，是为景帝，晁错为内史，一度宠压九卿，因力主削弱诸侯而引发吴楚七国之乱，景帝听信袁盎之辞将其赐死。篇末太史公对二人的为人行事作了评论，批评袁盎的"好声矜贤"和晁错的"不急匡救，欲报私仇"，而对晁错有更多微词。

【原文】

晁错者，颍川人也。学申、商刑名于轵张恢先所，与洛阳宋孟及刘礼同师。以文学为太常掌故。

【译文】

晁错，颍川人。曾在轵县张恢先生那里学习申不害和商鞅的刑名之学，与洛阳宋孟和刘礼跟随一个老师学习。凭着文章学术做了太常掌故。

【原文】

错为人峭直刻深。孝文帝时,天下无治《尚书》者,独闻济南伏生故秦博士,治《尚书》,年九十余,老不可征,乃诏太常使人往受之。太常遣错受《尚书》伏生所。还,因上便宜事①,以《书》称说。诏以为太子舍人、门大夫、家令。以其辩得幸太子,太子家号曰"智囊"。数上书孝文,时言削诸侯事,及法令可更定者。书数十上,孝文不听,然奇其材,迁为中大夫。当是时,太子善错计策,袁盎诸大功臣多不好错。

【注释】

①便宜事:当前应该做的事。

【译文】

晁错为人严峻刚直而又苛刻严酷。孝文帝时,天下没有研习《尚书》的人,只听说济南伏生是原来秦朝的博士,研习《尚书》,年纪已九十多岁,因太老无法征召到京城,文帝于是诏令太常派人前往受学。太常派晁错前往伏生那里学习《尚书》。学成归来后,趁机向皇帝上奏当前应该做的事,并称引《尚书》进行解说。文帝先后下诏让他做太子舍人、门大夫、太子家令。晁错凭着他的辩才,得到太子宠幸,太子家称他为"智囊"。孝文帝时,晁错多次上书,谈到削减诸侯的事,以及法令中可更改修定的地方。数十次上书,孝文帝都没采纳,但认为他有奇特的才能,升迁为中大夫。当时,太子称赏晁错的计策谋略,袁盎和诸位大功臣却大多不喜欢晁错。

【原文】

景帝即位,以错为内史。错常数请间言事,辄听,宠幸倾九卿,法令多所更定。丞相申屠嘉心弗便,力未有以伤。内史府居太上庙壖中①,门东出,不便,错乃穿两门南出,凿庙壖垣。丞相嘉闻,大怒,欲因此过为奏,请诛错。错闻之,即夜请间,具为上言之。丞相奏事,因言错擅凿庙垣为门,请下廷尉诛。上曰:"此非庙垣,乃壖中垣,不致于法。"丞相谢。罢朝,怒谓长史曰:"吾当先斩以闻,乃先请,为儿所卖,固误。"丞相遂发病死。错以此愈贵。

【注释】

①壖(ruán):城郭旁或河边的空地,这里指太上庙内外墙之间的空地。

【译文】

景帝即位,命晁错为内史。晁错数次请求皇帝避开他人谈论政事,景帝总是听从,对他的宠幸超过九卿,法令也多被他更改修定。丞相申屠嘉心中不满,但又没足够的力量毁伤他。内史府建在太上庙围墙里的空地上,门朝东,出入不便,晁错便向南开了两个门出入,因而凿开了太上庙的外围墙。丞相申屠嘉听到后,大怒。打算就这次晁错的过失奏请诛杀他。晁错听到消息,当夜请求单独进见皇上,向皇上详细说明此事。丞相上朝奏事,乘机禀奏晁错擅自凿开太上庙的围墙开门,请求皇上把他交给廷尉处死。皇上说:"晁错所凿的墙不是太上庙的墙,而是庙外空地上的围墙,不至于触犯法令。"丞相谢罪。退朝后,生气地对长史说:"我应当先杀了他再奏报皇上,竟然先奏请,被这小子给出卖,实在是大错。"丞相于是发病而死。晁错因此更加显贵。

【原文】

迁为御史大夫,请诸侯之罪过,削其地,收其枝郡^①。奏上，上令公卿列侯宗室集议，莫敢难，独窦婴争之，由此与错有郤。错所更令三十章，诸侯皆喧哗疾晁错。错父闻之，从颍川来，谓错曰："上初即位，公为政用事，侵削诸侯，别疏人骨肉，人口议多怨公者，何也？"晁错曰："固也。不如此，天子不尊，宗庙不安。"错父曰："刘氏安矣，而晁氏危矣，吾去公归矣！"遂饮药死，曰："吾不忍见祸及吾身。"死十余日，吴楚七国果反，以诛错为名。及窦婴、袁盎进说，上令晁错衣朝衣斩东市。

【注释】

①枝郡：指诸侯国都所在郡以外的其他郡。

【译文】

晁错被升迁为御史大夫，请求按诸侯罪过削减他们的封地，收回各诸侯国都所在郡以外的其他郡。奏章呈上，皇上命公卿、列侯和刘氏宗室一起商讨，没人敢非难晁错的建议，只有窦婴与他争辩，因此和晁错有了隔阂。晁错所更改的法令有三十章，诸侯都吵嚷着反对，怨恨晁错。晁错的父亲听到此消息，就从颍川赶来，对晁错说："皇上刚即位，你执掌政事，侵害削弱诸侯，疏离人家的骨肉，人们纷纷议论怨恨你，为什么要这样做呢？"晁错说："事情本来就应该这样。不这样，天子不会尊崇，宗庙不会安宁。"晁错的父亲又说："照这样，刘氏的天下安宁了，而晁氏却危险了，我要离开你回去了。"于是服毒药而死，死前说道："我不忍心看到祸患殃及自己。"晁错的父亲死后十多天，吴楚七国果然反叛，而以诛杀晁错为名。等到窦婴、袁盎进言，皇上就命晁错穿着朝服，在东市把他处死。

【原文】

晁错已死,谒者仆射邓公为校尉,击吴楚军为将。还,上书言军事,谒见上。上问曰:"道军所来[①],闻晁错死,吴楚罢不?"邓公曰:"吴王为反数十年矣,发怒削地,以诛错为名,其意非在错也。且臣恐天下之士噤口,不敢复言也!"上曰:"何哉?"邓公曰:"夫晁错患诸侯强大不可制,故请削地以尊京师,万世之利也。计画始行,卒受大戮,内杜忠臣之口,外为诸侯报仇,臣窃为陛下不取也。"于是景帝默然良久,曰:"公言善,吾亦恨之。"乃拜邓公为城阳中尉。

【注释】

①道:从,经由。

【译文】

晁错死后,谒者仆射邓公任校尉,攻打吴楚军时为将。回京城后,上书禀报军情,晋见皇上。皇上问道:"你从军中来,听到晁错死了,吴楚罢兵没有?"邓公说:"吴王蓄意谋反已有数十年了,他为你削减其封地而发怒,就以诛杀晁错为名,他的本意并不在晁错。再说臣担心天下的士人从此都将闭口,再也不敢进言了!"皇上说:"为什么呢?"邓公说:"晁错担心诸侯强大了不能制服,所以请求削减诸侯封地以尊宠朝廷,这实在是关乎万世的好事啊。谋划才开始实行,竟遭到杀戮,对内杜塞忠臣的口,对外反而替诸侯报了仇,臣私下认为陛下这样做是不足取的。"此时景帝沉默了好久,说:"您说得对,我也悔恨这件事。"于是拜授邓公为城阳中尉。

【原文】

太史公曰:晁错为家令时,数言事不用;后擅权,多所变更。诸侯发难,不急匡救,欲报私仇,反以亡躯。语曰"变古乱常,不死则亡",岂错等谓邪!

【译文】

太史公说:晁错做太子家令时,多次进言而不被采用;后来擅权,法令多被变更。诸侯发动叛乱,晁错不急于匡正挽救危机,却想报个人私仇,反而因此招来杀身之祸。俗话说,"改变古法,搞乱常规,不是身死,就是逃亡",难道说的就是晁错之类的人吗?

游侠列传（节选）

本篇主要记述了汉代著名侠士朱家、剧孟和郭解的生平行事。朱家、剧孟振人不赡，趋人之急，甚己之私，各被称慕于一方。郭解则平生尚侠，但最终被公孙弘等舞文弄法所杀害。在传前的序和篇末的论赞中，司马迁对那些"其言必信，其行必果，已诺必诚，不爱其躯，赴士之厄困"的游侠进行了称扬，并视布衣之侠、乡曲之侠、闾巷之侠等被排摈不载以至湮灭不现为恨憾之事，称他们为济人之困而敢触世网，与那些暴豪之徒绝不可同日而语，因此对郭解等遭受迫害诛杀、死蒙奸盗之名表示了无限的悲慨与悯惜。到了班固那里这些游侠已被视为"罪已不容于诛"，司马迁也因此而被指为"退处士而进奸雄"。

【原文】

郭解，轵人也，字翁伯，善相人者许负外孙也。解父以任侠，孝文时诛死。解为人短小精悍，不饮酒。少时阴贼，慨不快意，身所杀甚众。以躯借交报仇①，藏命作奸剽攻，不休②，乃铸钱掘冢，固不可胜数。适有天幸③，窘急常得脱，若遇赦。及解年长，更折节为俭④，以德报怨，厚施而薄望⑤。然其自喜为侠益甚。既已振人之命，不矜其功，其阴贼著于心，卒发于睚眦如故

195

云⑥。而少年慕其行,亦辄为报仇,不使知也。解姊子负解之势,与人饮,使之嚼⑦。非其任,强必灌之。人怒,拔刀刺杀解姊子,亡去。解姊怒曰:"以翁伯之义,人杀吾子,贼不得。"弃其尸于道,弗葬,欲以辱解。解使人微知贼处。贼窘自归,具以实告解。解曰:"公杀之固当,吾儿不直⑧。"遂去其贼,罪其姊子,乃收而葬之。诸公闻之,皆多解之义,益附焉。

【注释】

①借:助。交:指朋友。

②命:指亡命。作奸:干坏事。

③适:遇到。天幸:上天保佑。

④更:改。折节:改变操行。俭:通"检",检束,检点。

⑤薄望:怨恨小。望,怨恨,仇怨。

⑥卒:通"猝",突然。睚眦:怒目而视。

⑦嚼:通"醮",干杯。

⑧不直:理曲。

【译文】

郭解,轵县人,字翁伯,他是善给人相面的许负的外孙子。郭解的父亲因为行侠,在文帝时被杀。郭解为人个子矮小,精明强悍,不喝酒。他小时候残忍狠毒,心中愤慨不快时,亲手杀的人很多。他不惜牺牲生命去替朋友报仇,藏匿亡命徒去犯法抢劫,停下来就私铸钱币,盗挖坟墓,他的不法活动数也数不清。但却能遇到上天保佑,在窘迫危急时常常脱身,或者遇到大赦。等郭解年纪大了,就改变行为,检点自己,用恩惠报答怨恨自己的人,多多地施舍别人,而且对别人怨恨很少。但他自己喜欢行侠的思想越来越强烈。已经救了别人的生命,却不自夸功劳,但其内心仍然残忍狠毒,为小事突然怨怒行凶的事依然如故。当时的少年仰慕他的行为,也常常为他报仇,却不让他知道。郭解姐姐的儿子依仗郭解的势力,同别人喝酒,让人家干杯。结果人家的酒量小,不能再喝了,他却强行灌酒。那人发怒,拔刀刺死了郭解姐姐的儿子,就逃跑了。郭解姐姐发怒说道:"以弟弟翁伯的义气,人家杀了我的儿子,凶手却捉不到。"于是她把儿子的尸体丢弃在道上,不埋葬,想以此羞辱郭解。郭解派人暗中探知凶手的去处。凶手窘迫,自动回来把真实情况告诉了郭解。郭解说:"你杀了他本来应该,我的孩子无理。"于是放走了那个凶手,把罪责归于姐姐的儿子,并收尸埋葬了他。人们听到这消息,都称赞郭解的道义行为,更加依附于他。

【原文】

解出入,人皆避之。有一人独箕倨视之①,解遣人问其名姓。客欲杀之,解曰:"居邑屋至不见敬,是吾德不修也,彼何罪!"乃阴属尉史曰:"是人,吾所急也,至践更时脱之②。"每至践更,数过③,吏弗求。怪之,问其故,乃解使脱之。箕踞者乃肉袒谢罪。少年闻之,愈益慕解之行。

【注释】

①箕倨:岔开两腿坐着,像簸箕之状,是一种无礼不恭敬的表现。倨,通"踞"。

②践更:按汉法,在籍男丁每年在地方服役一个月,称为卒更。贫苦者想得到雇更钱的,可由当出丁者出钱,每月二千钱,称践更。脱:免。

③数过:多次轮到。

【译文】

郭解每次外出或归来,人们都躲避他,只有一个人傲慢地坐在地上看着他,郭解派人去问他的姓名。门客中有人要杀那个人,郭解说:"居住在乡里之中,竟至于不被人尊敬,这是我自己道德修养得还不够,他有什么罪过!"于是他就暗中嘱托尉史说:"这个人是我最关心的,轮到他服役时,请加以免除。"以后每到服役时,有好多次,县中官吏都没找这位对郭解不礼貌的人。他感到奇怪,问其中的原因,原来是郭解使人免除了他的差役。于是,他就袒露身体,去找郭解谢罪。少年们听到这消息,越发仰慕郭解的行为。

【原文】

洛阳人有相仇者,邑中贤豪居间者以十数,终不听。客乃见郭解。解夜见仇家,仇家曲听解^①。解乃谓仇家曰:"吾闻洛阳诸公在此间,多不听者。今子幸而听解,解奈何乃从他县夺人邑中贤大夫权乎!"乃夜去,不使人知,曰:"且无用^②,待我去,令洛阳豪居其间,乃听之。"

【注释】

①曲听:委屈心意而听从,以示对劝说人的尊重。
②且:暂时。无用:不便听我的话。

【译文】

洛阳人有相互结仇的,城中有数以十计的贤人豪杰从中调解,两方面始终不听劝解。门客们就来拜见郭解,说明情况。郭解晚上去会见结仇的人家,仇家出于对郭解的尊重,委屈心意听从了劝告,准备和好。郭解就对仇家说:"我听说洛阳诸公为你们调解,你们多半不肯接受。如今你们幸而听从了我的劝告,郭解怎能从别的县跑来侵夺人家城中贤豪大夫们的调解权呢?"于是郭解当夜离去,不让人知道,说:

198

"暂时不要听我的调解,待我离开后,让洛阳豪杰从中调解,你就听他们的。"

【原文】

　　解执恭敬①,不敢乘车入其县廷。之旁郡国,为人请求事,事可出,出之;不可者,各厌其意②,然后乃敢尝酒食。诸公以故严重之③,争为用④。邑中少年及旁近县贤豪,夜半过门常十余车⑤,请得解客舍养之。

【注释】

　　①执:谨守。

　　②厌:通"餍",满足。

　　③严重:尊重。

　　④为用:替他出力。

　　⑤过:拜访。

【译文】

　　郭解保持着恭敬待人的态度,不敢乘车走进县衙门。他到旁的郡国去替人办事,事能办成的,一定把它办成;办不成的,也要使各方都满意,然后才敢去吃人家酒饭。因此大家都特别尊重他,争着为他效力。城中少年及附近城邑的贤人豪杰,半夜上门拜访郭解的常常有十多辆车子,请求把郭解家的门客接回自家供养。

【原文】

　　及徙豪富茂陵也,解家贫,不中訾①,吏恐,不敢不徙。卫将军为言"郭解家贫不中徙"。上曰:"布衣权至使将军为言,此其家不贫。"解家遂徙。诸公送者出千余万。轵人杨季主子为县掾,举徙解②。解兄子断杨掾头。由此杨氏与郭氏为仇。

【注释】

①訾:通"资",钱财。
②举:检举。

【译文】

等到朝廷要将各郡国的豪富人家迁往茂陵居住,郭解家贫,不符合资财三百万的迁转标准,但迁移名单中有郭解的名字,因而官吏害怕,不敢不让郭解迁移。当时卫青将军替郭解向皇上说:"郭解家贫,不符合迁移的标准。"但是皇上说:"一个百姓的权势竟能使将军替他说话,这就可见他家不穷。"郭解于是被迁徙到茂陵。人们为郭解送行共出钱一千余万。轵人杨季主的儿子做县掾,是他提名迁徙郭解的。郭解哥哥的儿子砍掉杨县掾的头。从此杨家与郭家结了仇。

【原文】

解入关,关中贤豪知与不和,闻其声,争交欢解。解为人短小,不饮酒,出未尝有骑。已又杀杨季主。杨季主家上书,人又杀之阙下。上闻,乃下吏捕解。解亡,置其母家室夏阳,身至临晋。临晋籍少公素不知解,解冒①,因求出关。籍少公已出解,解转入太原,所过辄告主人家。吏逐之,迹至籍少公。少公自杀,口绝。久之,乃得解。穷治所犯,为解所杀,皆在赦前。轵有儒生侍使者坐,客誉郭解,生曰:"郭解专以奸犯公法,何谓贤!"解客闻,杀此生,断其舌。吏以此责解,解实不知杀者。

杀者亦竟绝,莫知为谁。吏奏解无罪。御史大夫公孙弘议曰:"解布衣为任侠行权,以睚眦杀人,解虽弗知,此罪甚于解杀之。当大逆无道。"遂族郭解翁伯。

【注释】

①冒:冒昧,此指贸然相见。

【译文】

郭解迁移到关中,关中的贤人豪杰无论从前是否知道郭解,如今听到他的名声,都争着与他结为好朋友。郭解个子矮,不喝酒,出门不乘马。后来又杀死杨季主。杨季主的家人上书告状,有人又把告状的在宫门下给杀了。皇上听到这消息,就向官吏下令捕捉郭解。郭解逃跑,把他母亲安置在夏阳,自己逃到临晋。临晋籍少公平素不认识郭解,郭解冒昧会见他,顺便请求他帮助出关。籍少公把郭解送出关后,郭解转移到太原,他在所到之处,常常把自己的情况告诉留他食宿的人家。官吏追逐郭解,追踪到籍少公家里。籍少公无奈自杀,口供断绝了。过了很久,官府才捕到郭解。并彻底深究他的犯法罪行,发现一些人被郭解所杀的事,都发生在赦令公布之前。一次,轵县有个儒生陪同前来查办郭解案件的使者闲坐,郭解门客称赞郭解,他说:"郭解专爱做奸邪犯法的事,怎能说他是贤人呢?"郭解门客听到这话,就杀了这个儒生,割下他的舌头。官吏以此责问郭解,令他交出凶手,而郭解确实不知道杀人的是谁。杀人的人始终没查出来,不知道是谁。官吏向皇上报告,说郭解无罪。御史大夫公孙弘议论道:"郭解以平民身份任侠,玩弄权诈之术,因为小事而杀人,郭解自己虽然不知道,这个罪过比他自己杀人还严重。判处郭解大逆无道的罪。"于是就诛杀了郭解翁伯的家族。

【原文】

自是之后,为侠者极众,敖而无足数者①。然关中长安樊仲子,槐里赵王孙,长陵高公子,西河郭公仲,太原卤公孺,临淮儿长卿,东阳田君孺,虽为侠而逡逡有退让君子之风②。至若北道姚氏,西道诸杜,南道仇景,东道赵他、羽公子,南阳赵调之徒,此盗跖居民间者耳,曷足道哉！此乃乡者朱家之羞也③。

【注释】

①敖:通"傲"。

②逡逡:谦虚退让的样子。

③乡:通"向",从前。

【译文】

从此以后,行侠的人特别多,但都傲慢无礼没有值得称道的。但是关中长安的樊仲子,槐里赵王孙,长陵的高公子,西河的郭公仲,太原的卤公孺,临淮的儿长卿,东阳的田君孺,虽然行侠却能有谦虚退让的君子风度。至于像北道的姚氏,西道的一些姓杜的,南道的仇景,东道的赵他、羽公子,南阳赵调之流,这些都是处在民间的盗跖罢了,哪里值得一提呢！这都是从前朱家那样的人引以为耻的。

【原文】

太史公曰:吾视郭解,状貌不及中人,言语不足采者。然天下无贤与不肖,知与不知,皆慕其声,言侠者皆引以为名。谚曰:"人貌荣名,岂有既乎①!"於戏②,惜哉！

【注释】

①既:尽。

②於戏:同"呜呼",表感叹。

【译文】

　　太史公说:我看郭解,状貌赶不上中等人才,语言也无可取的地方。但天下的人们,无论是贤人还是不肖之人,无论是认识他还是不认识他,都仰慕他的名声,谈论游侠的都标榜郭解以提高自己的名声。谚语说:"人可用光荣的名声作容貌,难道会有穷尽的时候吗?"唉,可惜呀!

滑稽列传（节选）

本篇记述了淳于髡、优孟、优旃的事迹。六艺可以治世，谈言微中可以解纷乱亦是治，也许这是司马迁为他们立传的意义所在。因此作者对他们不仅具有令人主和悦的讽谏才能，而且有"不流世俗，不争势利"的可贵精神进行了称道。本篇褚少孙补记了六个故事：郭舍人以反语讽谏而成，东方朔数次与武帝谈论令其"未尝不说"，东郭先生为卫青划策而得荣宠，淳于髡巧辞慰娱人主转祸为福，王先生以教人辞令而获荣显，西门豹顺水推舟为民除害。这些事虽有贤有谄，有公有私，但应当说也是基本符合于司马迁开篇所言"谈言微中，亦可以解纷"之意的。

【原文】

武帝时，齐人有东方生名朔，以好古传书，爱经术，多所博观外家之语。朔初入长安，至公车上书，凡用三千奏牍。公车令两人共持举其书，仅然能胜之。人主从上方读之①，止，辄乙其处②，读之二月乃尽。诏拜以为郎，常在侧侍中。数召至前谈语，人主未尝不说也。时诏赐之食于前。饭已，尽怀其余肉持去，衣尽污。数赐缣帛③，檐揭而去④。徒用所赐钱帛，取少妇于长安

204

中好女。率取妇一岁所者即弃去,更取妇。所赐钱财尽索之于女子。人主左右诸郎半呼之"狂人"。人主闻之,曰:"令朔在事无为是行者,若等安能及之哉!"朔任其子为郎,又为侍谒者,常持节出使。朔行殿中,郎谓之曰:"人皆以先生为狂。"朔曰:"如朔等,所谓避世于朝廷间者也。古之人,乃避世于深山中。"时坐席中,酒酣,据地歌曰:"陆沉于俗⑤,避世金马门。宫殿中可以避世全身,何必深山之中,蒿庐之下。"金马门者,宦者署门也,门傍有铜马,故谓之曰"金马门"。

【注释】

①上方:指宫禁,内廷。

②乙:这里是作划断的记号。

③缣帛:绸绢的通称。

④檐:通"担",肩挑。揭:高举。

⑤陆沉:陆地无水而下沉,比喻沦落。

【译文】

武帝时,齐地有个人叫东方朔,因喜欢古代流传下来的书籍,爱好儒家经术,广泛地阅览了诸子百家的书。东方朔刚到长安时,到公车府那里上书给皇帝,共用了三千个木简。公车府派两个人一起来抬他的奏章,仅能抬得起来。武帝在宫内阅读东方朔的奏章,需要停阅时,便在那里画个记号,读了两个月才读完。武帝下令任命东方朔为郎官,他经常在皇上身边侍奉。屡次叫他到跟前谈话,武帝从未有过不高兴的。武帝时常下诏赐他御前用饭。饭后,他便把剩下的肉全都揣在怀里带走,把衣服都弄脏了。皇上屡次赐给他绸绢,他都是肩挑手提地拿走。他专用这些赐来的钱财绸绢,娶长安城中年轻漂亮的女子为妻。大多娶过来一年光景便抛弃了,再娶一个。皇上所赏赐的钱财完全用在女人身上。皇上身边的侍臣有半数称他为"狂人"。武帝听到了,说:"假如东方朔做官行事没有这些荒唐行为,你们哪能比得上他呢?"东方朔保举他的儿子做郎官,又升为侍中的谒者,常常衔命奉使,公出办事。一天东方朔从殿中经过,郎官们对他说:"人们都以为先生是位狂人。"东方朔说:"像我这样的人,就是所谓在朝廷里隐居的人。古时候的人,都是隐居在深山里。"他时常坐在酒席中,酒喝得畅快时,就趴在地上唱道:"隐居在世俗中,避世在金马门。宫殿里可以隐居起来,保全自身,何必隐居在深山之中,茅舍里面。"所谓金马门,就是宦者衙署的门,大门旁边有铜马,所以叫作"金马门"。

【原文】

时会聚宫下博士诸先生与论议,共难之曰:"苏秦、张仪一当万乘之主,而都卿相之位,泽及后世。今子大夫修先王之术,慕圣人之义,讽诵《诗》《书》、百家之言,不可胜数。著于竹帛,自以为海内无双,即可谓博闻辩智矣。然悉力尽忠以事圣帝,旷日持久,积数十年,官不过侍郎,位不过执戟,意者尚有遗行邪[①]?其故何也?"东方生曰:"是固非子所能备也。彼一时也,此一时也,岂可同哉!夫张仪、苏秦之时,周室大坏,诸侯不朝,力政争权[②],相禽以兵,并为十二国,未有雌雄,得士者强,失士者亡,故说听行通,身处尊位,泽及后世,子孙长荣。今非然也。圣帝在上,德流天下,诸侯宾服,威振四夷,连四海之外以为席,安于覆盂[③],天下平均,合为一家,动发举事,犹如运之掌中。贤与不肖,何以异哉?方今以天下之大,士民之众,竭精驰说,并进辐凑者[④],不可胜数。悉力慕义,困于衣食,或失门户⑤。使张仪、苏秦与仆并生于今之世，曾不能得掌故⑥，安敢望常侍侍郎乎！传曰：'天下无害灾，虽有圣人，无所施其才；上下和同，虽有贤者，无所立功。'故曰时异则事异。虽然，安可以不务修身乎？《诗》曰：'鼓钟于宫，声闻于外。''鹤鸣九皋⑦，声闻于天。'苟能修身，何患不荣！太公躬行仁义七十二年，逢文王，得行其说，封于齐，七百岁而不绝。此士之所以日夜孜孜，修学行道，不敢止也。今世之处士，时虽不用，崛然独立，块然独处，上观许由，下察接舆，策同范蠡，忠合子胥，天下和平，与义相扶，寡偶少徒，固其常也。子何疑于余哉！"于是诸先生默然无以应也。

【注释】

①遗行：有失检点的行为。

②政：通"征"。

③覆盂：倒置的盂。盂的上口大，下脚小，倒覆过来，稳定不致倾倒，以此喻稳固。

④辐凑：车轮上每根辐子凑集到中心的车毂上，比喻从四面八方集中一处。

⑤门户：指进身做官的门路。

⑥掌故：指掌管礼乐制度等故事的官吏。

⑦九皋：幽深遥远的沼泽淤地。

【译文】

当时正值朝廷召集学宫里的博士先生们参与议事，大家一同诘难东方朔说："苏秦、张仪偶然遇到大国的君主，就能居于卿相的地位，恩泽留传后世。现在您老先生研究先王治国御臣的方术，仰慕圣人立身处世的道理，熟习《诗》《书》和诸子百家的言论，不能一一例举。又有文章著作,自以为天下无双,就可以称是见多识广、聪敏才辩了。可是您竭尽全力、忠心耿耿地事奉圣明的皇帝,旷日持久,累积长达数十年,官衔不过是个侍郎,职位不过是个卫士,看来您还有不够检点的行为吧? 这是什么原因呢?"东方朔说:"这本来就不是你们所能完全了解的。那时是一个时代,现在是另一个时代,怎么可以相提并论呢? 张仪、苏秦的时代,周朝十分衰败,诸侯都不去朝见周天子,用武力征伐夺取权势,用军事手段相互侵犯,天下兼并为十二个诸侯国,势力不相上下,得到士人的就强大,失掉士人的就灭亡,所以对士人言听计从,使士人身居高位,恩泽流传后代,子孙长享荣华。如今不是这样。圣明的皇帝在上执掌朝政,恩泽遍及天下,诸侯归顺服从,威势震慑四方,将四海之外的疆土连接成像座席那样的一片乐土,比倒放的盂还要安稳,天下统一,融为一体,凡有所举动,都如同在手掌中转动一下那样轻而易举。贤与不贤,凭什么来辨别呢? 当今因天下广大,士民众多,竭尽精力,奔走游说,就如辐条凑集到车毂一样,竞相集中到京城里向朝廷献计献策的人,数也数不清。尽管竭力仰慕道义,仍不免被衣食所困,有的竟连进身的门路也找不到。假使张仪、苏秦和我同生在当今时代,他们连一个掌管旧制旧例等故事的小官都得不到,怎么敢期望做常侍郎呢? 古书上说:'天下没有灾害,即使有圣人,也没有地方施展他的才华;君臣上下和睦同心,即使有贤人,也没有地方建立他的功业。'所以说,时代不同,事情也就随之而有所变化。尽管如此,怎么可以不努力去修养自身呢?《诗》说:'在宫内敲钟,声音可以传到外面。''鹤在遥远的水泽深处鸣叫,声音可以传到天上。'如果能够修养自身,还担忧什么不能获得荣耀! 齐太公亲身实行仁义七十二年,遇到周文王,才得以施行他的主张,封在齐国,其思想影响流传七百年而不断绝。这就是士人之所以日夜孜孜不倦,研究学问,推行自己的主张,而不敢停止的原因。如今世上的隐士,一时虽然不被任用,却能超然自立,孑然独处,远观许由,近看接舆,智谋如同范蠡,忠诚可比伍子胥,天下和平,修身自持,而却寡朋少侣,这本来是件很平常的事情。你们为什么对我有疑虑呢?"于是那些先生一声不响,无话回答了。

208

【原文】

　　建章宫后阁重栎中有物出焉，其状似麋。以闻，武帝往临视之。问左右群臣习事通经术者，莫能知。诏东方朔视之，朔曰："臣知之，愿赐美酒粱饭大飧臣，臣乃言。"诏曰："可。"已飧，又曰："某所有公田鱼池蒲苇数顷，陛下以赐臣，臣朔乃言。"诏曰："可。"于是朔乃肯言，曰："所谓驺牙者也。远方当来归义，而驺牙先见。其齿前后若一，齐等无牙，故谓之驺牙。"其后一岁所，匈奴混邪王果将十万众来降汉。乃复赐东方生钱财甚多。

【译文】

　　建章宫后阁的双重栏杆中，有一只动物跑出来，它的形状像麋鹿。消息传到宫中，武帝亲自到那里观看。问身边群臣中熟悉事物而又通晓经学的人，没有一个人能知道它是什么动物。下诏叫东方朔来看，东方朔说："我知道这个东西，请赐给我美酒好饭让我饱餐一顿，我才说。"武帝说："可以。"吃过酒饭，东方朔又说："某处有公田、鱼池和苇塘好几顷，陛下赏赐给我，我才说。"武帝说："可以。"于是东方朔才肯说道："这是叫驺牙的动物。远方当有前来投诚的事，因而驺牙便先出现。它的牙齿前后一样，大小相等而没有大牙，所以叫它驺牙。"后来过了一年左右，匈奴混邪王果然带领十万人来归降汉。武帝于是又赏赐东方朔很多钱财。

【原文】

　　至老，朔且死时，谏曰："《诗》云'营营青蝇①，止于蕃②。恺悌君子③，无信谗言。谗言罔极④，交乱四国'。

愿陛下远巧佞,退谗言。"帝曰:"今顾东方朔多善言?"怪之。居无几何,朔果病死。传曰:"鸟之将死,其鸣也哀;人之将死,其言也善。"此之谓也。

【注释】

①营营:蝇飞之声。
②蕃:通"藩",篱笆。
③恺悌:和乐简易。
④罔极:没有止境。

【译文】

到了晚年,东方朔临终时,规劝武帝说:"《诗经》上说'飞来飞去的苍蝇,落在篱笆上面。慈祥善良的君子,不要听信谗言。谗言没有止境,四方邻国不得安宁'。希望陛下远离巧言谄媚的人,斥退他们的谗言。"武帝说:"如今回过头来看东方朔,仅仅是善于言谈吗?"对此感到惊奇。过了不久,东方朔果然病死了。古书上说:"鸟到临死时,它的叫声特别悲哀;人到临终时,它的言语非常善良。"说的就是这个意思吧。

图书在版编目（CIP）数据

史记 / 甘宏伟，江俊伟译注 . —— 武汉：崇文书局，
2023.4（2025.2 重印）
　　（崇文国学经典）
　　ISBN 978-7-5403-7229-3

　　Ⅰ．①史… Ⅱ．①甘… ②江… Ⅲ．①《史记》－译
文②《史记》－注释 Ⅳ．① K204.2

中国国家版本馆 CIP 数据核字（2023）第 053935 号

出 品 人　韩　敏
丛书统筹　李慧娟
责任编辑　程可嘉
责任校对　董　颖
装帧设计　甘淑媛
责任印制　李佳超

史记
SHI JI

出版发行　 长江出版传媒 崇文书局
地　　址　武汉市雄楚大街 268 号 C 座 11 层
电　　话　(027)87677133　邮政编码　430070
印　　刷　湖北新华印务有限公司
开　　本　880mm×1230mm　1/32
印　　张　7.125
字　　数　176 千
版　　次　2023 年 4 月第 1 版
印　　次　2025 年 2 月第 3 次印刷
定　　价　38.00 元
（如发现印装质量问题，影响阅读，由本社负责调换）

CHONGWENGUAN

"崇文国学经典" 书目

诗经	古诗十九首 汉乐府选
周易	世说新语
道德经	茶经
左传	资治通鉴
论语	容斋随笔
孟子	了凡四训
大学 中庸	徐霞客游记
庄子	菜根谭
孙子兵法	小窗幽记
吕氏春秋	古文观止
山海经	浮生六记
史记	三字经 百家姓 千字文 弟子规
楚辞	声律启蒙 笠翁对韵
黄帝内经	格言联璧
三国志	围炉夜话